运营管理中的"天龙八步"

温国辉 憨氏 于国辉 著

中国商业出版社

图书在版编目（CIP）数据

运营管理中的"天龙八步" / 温国辉，憨氏，于国辉著. -- 北京：中国商业出版社，2019.1
ISBN 978-7-5208-0650-3

Ⅰ. ①运… Ⅱ. ①温… ②憨… ③于… Ⅲ. ①运营管理 Ⅳ. ①F502

中国版本图书馆CIP数据核字（2019）第018258号

责任编辑：黄世嘉

中国商业出版社出版发行
（100053 北京广安门内报国寺1号）
010-63180647　www.c-cbook.com
新华书店经销
武汉市金港彩印有限公司印制

*

880毫米×1230毫米 1/32开　9.25印张　202千字
2019年5月第1版　2019年5月第1次印刷

定价：68.00元

*　*　*　*

（如有印装质量问题可更换）

"天龙八步"导读

1. 设定目标

如果你认为设定目标司空见惯、耳熟能详、不必学习,那么,本章将颠覆你的思维,开启你的心智。经营企业,要么拥有清晰的目标,风风光光地活着;要么丢掉目标,呻吟着去死。

2. 建立标准

如果你不曾重视标准,本章将让你茅塞顿开、大彻大悟;如果你重视标准,本章将让你完善认知,豁然开朗。切记:农资连锁的成功,恰恰是标准化体系的成功。

3. 利用方法

"只为成功找方法,不为失败找借口"。如果你错过本书,你将遗憾终生;如果你错过本章,你将多走弯路,徒增更多的探索成本。要想走出困局,快速发展,你需要向有方法的人学习方法,向成功的人学习经验。

4. 组织培训

培训是有质量的,专业是有力量的。游击队也有培训,但他们培训出来的选手是业余选手。要想成为正规军,你需要跟职业高手学习。卓银万家的培训独占鳌头、别具一格,引领行业未来,成果毋庸置疑,招数不容错过。

5. 推动执行

执行分为执行正效、执行负效和执行无效三种。如果你的企业不盈利，如果你的员工不优秀，如果你的品牌不响亮，如果你的客户不忠诚……不妨跟农资连锁之父温国辉老师学习"什么叫作真正意义上的执行"。

6. 检查奖惩

你可能光鲜地活着，但你可能是一个可怜的老板。你可能盲目自大，但是你只是自己悲催的神话。请问：工作，你检查了吗？你会检查吗？你检查得到位吗？你的企业有奖惩吗？成体系吗？像你那样干就行吗？如果你求新、求变、求发展，不妨听听农资连锁之父怎么说。

7. 归纳总结

纵观天下，摇摇欲坠的企业不是苍天不佑，而是他们不善总结。平庸的人摔倒了，他们永远不知道要抓把沙子站起来。要像卓银万家一样成功，请像本章所讲的那样，去思考、去总结、去创造，去迎接一个更好的自己和更广阔的未来。

8. 优化创新

农资人每年都喊今年的生意不好做，但是无论你的生意多么难做，总是有一些卓越的企业做得很好。他们做得好的理由是因为他们修炼了"天龙八步"，并且运用得炉火纯青。要想大展宏图，基业长青，你需要认真学习，不断改进，全面优化。

卓银万家创始人 温国辉

序 言

生产资料是农业生产的基本物质保证，进入 21 世纪后，由于我国农资工业体系的发展与完善，我国农业生产资料从过去的紧缺变成了相对过剩。农业生产资料的市场竞争也达到了白热化程度。如何使农民在眼花缭乱的农资市场获得货真价实的农资产品，不仅是农民需要考虑的问题，也是农资经营者需要考虑的问题。

温国辉先生是卓银万家农资连锁的创始人，在长期的市场竞争中，创造性地引入和创新了"目标、标准、方法、培训、执行、检查与奖惩、总结、优化"八个管理环节，这八个环节被他称为"天龙八步"。温国辉先生将自己的农资连锁管理经验总结出来，供人分享。希望我国众多的农资人能借鉴"天龙八步"，使我国农资市场健康地发展，为我国现代农业做出不朽的贡献。

白由路

2019 年 3 月 于北京

未来十年的农资发展大趋势

前 言

中华文化是农耕文化,中华文明是农耕文明。从远古神农遍尝百草,削木为犁,教习耕种,到现代农业蓬勃兴起;从云南腾冲到黑龙江漠河,从新疆伊犁到海南三亚,亘古通今、南北西东,中华960万平方公里的土地上展示出一幅气势恢宏的农耕文明画卷。它是中华文明在世界几大文明中得以五千年经久不衰的灵魂。

中华民族伟大复兴的中国梦离不开农民的振兴、农村的振兴、农业的振兴。党的十九大提出的乡村振兴战略呼唤着一代农资人,值此中华民族的关键转型期,为中华农业之崛起扛起大旗、披荆斩棘、开疆拓土,开创史无前例的丰功伟业。

1

源于高利润、死于高利润的农资乱象会受到资本的冲击。

人生有三问,即:从哪里来?到哪里去?怎么去?我们不妨回想一下,当初为什么选择做农资?因为这是我们事业的起点。

不管五花八门的答案有多少个,这样一个初衷总不能回避:赚钱!老农资人会绘声绘色地告诉你,之前做农资是多么赚钱,"那钱赚得都飞起来了!""苍蝇不叮无缝的蛋",面对稳定且高利润的农资生意,各路豪杰趋之若鹜,都撸胳膊挽袖子,准备大干一场，于是农资市场开始了空前的繁荣，残酷的竞争也随之开始了。可以说，高利润，是造成目前农资市场竞争乱象横生的根源之一。

随之而来的是跃跃欲试的资本。当资本势力也盯上农资这块大蛋糕时，还习惯于窝里斗的农资人，对他们的平台、团购、低价、众筹等玩法目不暇接，都看傻眼了。资本大鳄用全新的玩法定义农资经营，淘汰传统的分级经销、零售等环节。高利润引来了"洪水猛兽"，也让那些在传统竞争中焦头烂额的农资人们雪上加霜，面临被淘汰的危险。鸠占鹊巢，他们随时可能出局。

2

现在以及未来的农民越来越老了。

市场是由买方、卖方、商品、钱以及观念构成的。传统的农资市场里，买方和卖方都越来越老了，他们的观念思维显得陈旧不堪。但农业必须往前发展，所以，商品需要创新，思想需要迭代。只有更好地服务买方，即农户，才能拥有一席之地，并且实现拓土开疆。

以前，化肥品种只有几个，农药产品只有几种，还未变老的农民还有选择的能力，但现如今，这种选择的余地已经变得无所适从，在琳琅满目的商品面前他们显得无能为力。农资行业普遍采用的会销、促销等推销方式并不是真正地从农民的角度解决问题，而仅是以营利为目的的手段。服务还未做细，竞争仍然混乱……

在这种情况下，卓银万家从客户的真实需求出发，提出解决老农民种地难题的方法和模式，比如作物整体高产方案，将烦琐的选择统一起来，让种地变得从此简单。

3

从销售为王变成产品至上，从产品服务到关注顾客价值。

经历过无序竞争的阶段，农资行业将会进入有序良性的阶段。农资的本质是为农业服务，而很多农资人却只看到了这个行业的利润，忽视了这个根本点。虽然这在我国农业关注产量而忽视质量和利润的时代，似乎无可厚非，但时代的发展，民众对生活质量的重视，对健康的关注，让农业向着新的方向发展。品质安全，营养健康，成为发展的新焦点。

需求决定产出，从农民的角度来讲，种植什么作物，怎么种，挣多少钱，省多少力是他们关心的问题。这也将会成为新时代的新助力和新需求。我们欣喜地看到，一些企业开始在做这方面的事情，比如一些大型的农业合作社组团发展，共享资源；比如卓银万家，瞄准了农业技术服务的市场，潜心研究，厚积薄发。

在我国，很长一段时间里，资源大部分集中在城市，加上国家的城镇化战略，越来越多的人开始向往城市、进入城市，越来越多的土地开始集中到少数人手里。一部分集中到农村留守人员手中，一部分集中到年轻的"种田能手"手中。前一种集中是被动的，甚至是减弱生产力的集中；后一种集中是主动的，提高效益的集中。根据地区及土地情况的不同，这两种方式在不同的地区呈现出不同的比例。

4

互联网不能颠覆农资，只为服务提供更多渠道，只因为最后一公里打不通。

21世纪最盛行的是互联网，但互联网在短时间内颠覆农资行业可能性不大，硬件设施受到很大的影响，也是在当下电商平台无法成功的主要原因。互联网当下只是我们的工具，但是，互联网思维为我们提供了快速便捷服务的意识。

中国的农业随着国家三农政策的关注和扶持，再加上互联网经济的发展，必将铸就农资连锁的规模运营。农资经营连锁已经逐渐成形，并且初具规模。农业迎来了风口，必将振翅而起，有所作为。

在新形势下，传统的经营模式难以为继，渠道趋向于扁平化的发展，这时，农资连锁经营模式越显得突出，其在成本、运输、周转等方面优势明显，同时，使信息传递更快、更准确。平台化，将是连锁经营企业重要的发展方向。

5

品牌太多太杂，企业终将走向融合。

农资品牌太多导致老百姓难以选择，农民最终关心的是产品本身带来的价值。制定统一的农作物高产的管理方案，专业性、专注性、系统性、服务性，必将得到老百姓的认可。卓银万家就是这种模式的成功践行者，研发作物高产的应用技术将各种资源充分地整合起来，通过以OEM和ODM两种方式来解决产品增效、作物增产。

在这个信息爆炸的时代,只有改变我们的思维方式,注重产品价值和顾客体验才是企业发展的长久之计。

6

大爱让卓银推出"天龙八步",只为与天下读者共享丰盛成果。

农资行业作为一个门槛较低的行业,具有强大的发展空间和广阔的市场前景。基于成功经验的不断累积和对农资大势的清晰判断,卓银万家将其独创的运营策略——"天龙八步",浓缩成《运营管理中的"天龙八步"》一书,倾囊相授,以飨读者。满满的情怀,满满的爱,相信,这必将是一桌农资界的"饕餮盛宴"。

温国辉

2018 年 9 月 28 日

目 录
Content

全书导读

序言

前言

第一章 设定目标　　001

一、明确目标　　003

二、明确目标的意义　　014

三、实现目标的期限　　019

四、目标绊脚石　　025

五、实现目标所需的条件、能力　　028

六、目标溯源：以终为始　　036

第二章 建立标准　　039

一、适用性　　041

二、系统性　　045

三、统一性和协调性　　050

四、标准溯源：思维定式的力量　　062

第三章 利用方法　　065

一、剖析所处位置　　067

二、打造文化　　071

三、落地措施　　076

四、演练演习　　081
　　五、切实履行　　086
　　六、庆祝每一个里程碑　　090
　　七、方法溯源：常常回顾　　096

第四章　组织培训　　099

　　一、迭代培训方式　　101
　　二、以身作则　　105
　　三、听、看、读、写、练、践　　113
　　四、以老带新，以上带下　　118
　　五、企业培训的三大法宝　　121
　　六、360度回顾　　124
　　七、变革　　129
　　八、培训溯源：成长和改变的原则　　133

第五章　推动执行　　139

　　一、框架化、量化　　141
　　二、简单化、流程化　　144
　　三、五勤（眼、口、手、身、心）　　146
　　四、沟通　　155
　　五、决心第一，成败第二　　157
　　六、结果第一，理由第二　　162
　　七、盈利是企业的生存之本　　167
　　八、创新力　　170
　　九、执行溯源：积极主动　　172

第六章 检查奖惩 177

一、可视化 179
二、制定奖惩制度 183
三、评估 187
四、适度 194
五、胡萝卜加大棒 199
六、到位 204
七、考核 209
八、事前、事中、事后 214
九、检查奖惩溯源 217

第七章 归纳总结 219

一、正向改变 221
二、将顺其美，匡救其恶 224
三、把企业做轻，把客户看重 227
四、吾日三省吾身 232
五、总结是成功之母 235
六、总结溯源：双赢思维 238

第八章 优化创新 241

一、创新与否是企业成败的生死局 243
二、核动力 248
三、习惯和品质 250
四、企业优化的"六脉神剑" 252

五、卓银万家的"优化经" 256
六、思考力优化 262
七、想发展就得优化创新 266
八、优化溯源：不断更新 269

附录 272

第一章
设定目标

导读

一、明确目标

二、明确目标的意义

三、实现目标的期限

四、目标绊脚石

五、实现目标所需的条件、能力

六、目标溯源：以终为始

第一章 设定目标
CHAPTER 1

温国辉：王健林的"一个亿小目标"与你没有半毛钱关系，无论他的小目标实现与否，你还是你，你的企业还是你的企业，你的团队还是你的团队。俞敏洪在面对未来时感叹"尽人事，顺天命"，其实你要明白人是谁的人，天是谁的天。

这些年，卓银万家的成功是因为我们不盲目崇拜，不悲天悯人，我们有着极为清晰的目标。这目标既不像"老牛"讲得那样轻松，也不像"小松鼠"讲得深不可测。我们不是不知所措的过河的"小马"，我们知道目标在哪里，聚焦锁定，执行行动，所以我们成了农资连锁领域广为颂扬的"黑马"。

一、明确目标

温国辉：注重实际，量力而行，目标不宜过多、分散，分清主次是关键。

温国辉从小在农村长大，他深知农民"脸朝黄土背朝天"的艰辛。当他看到家乡的父老乡亲被高利润的农资产品榨取绝大部分的收益后，便暗暗发誓：一定要全力以赴解决这种市场乱象，一定要让老百姓用得上包括化肥农药在内的最好的农业生产资料。

为了这份责任，这份担当，温国辉毅然开启了他的农资连锁之路，也雄心壮志地定下了让果农增收，让土壤改善，让百姓富裕，让人类健康，让天下没有难种的土地的宏伟目标。

1

目标并非是一个新概念，但制定目标也绝非是个一蹴而就的事，温国辉常常与圈里圈外的朋友们分享如下这则故事，因为它可以给太多的人带来深刻的启示。

在茫茫的草原上，有三只猎狗疯狂地追赶一只土拨鼠。土拨鼠索性钻进了一个树洞。这个树洞只有一个出口，可不一会儿，居然从树洞里钻出了一只肥头长耳的兔子。肥头长耳的兔子开始飞快地奔跑，猎狗开始疯狂地追它。兔子见前方有一棵大树，三步变两步,极速地爬了上去。猎狗开始围着树转。兔子在树上,慌忙中没有站稳,"啊"的一声掉了下来。它刚好砸晕了正仰头看它,虎视眈眈的三只猎狗。最后,兔子哼着小曲儿,背着手不慌不忙地逃脱了。

故事讲完后,温国辉问:"这个故事有什么问题吗?"

"兔子不会爬树!"

"一只小兔子怎么可能同时砸晕三只猎狗呢?"

……

直到再也没有人能挑出毛病了,温国辉说:"还有一个非常重要的问题,你们没有提到,土拨鼠哪儿去了?它才是猎狗疯狂追寻的目标。"

温国辉说:无论做什么事情,目标才是根本,任何一项工作都必须以目标为中心,有效地展开。只有把注意力凝聚在目标上,才能在事业上取得成功和成就。可很多人在企业向前发展时,常常把注意力放在了半道杀出的"兔子"身上,把原始目标抛到九霄云外了。农资人要想大获成功,就必须锁定目标,不忘初心,砥砺前行!

成功凭方向,成才靠方法。你需要锁定目标,心无旁骛,沿着目标的方向勇敢前行。

2

王建林说他的小目标是"赚上一个亿"。温国辉也制定了他的小目标,将卓银万家的连锁店开到一万家。他知道"万丈高楼平地起"的道理,再好的目标也需要一步一步地实现。

一个人单枪匹马、赤手空拳是无法笑傲江湖的。"一个篱笆三个桩,一个好汉三个帮",他需要找到最佳的事业合作伙伴,并说服他们与其并肩作战。

2006年,温国辉找到了身为农民的谢春华。在此之前,谢春华从来没有接触过农资生意,可以讲对做买卖一窍不通。温国辉用他独具魅力的语言,极大地激发出了谢春华投身农资事业的"革命热情"。

温国辉信誓旦旦地说:"'心有多大,舞台就有多大',卓银万家最终要在中华大地上,开出一万家连锁店来。"谢春华听后颇感惊讶,问温国辉如何才能实现呢。温国辉没有直截了当地回答他,而是将他拉到离他家不远的山田地旁,问道:"这片果林有多少棵树?都是什么品种?现在果农的收入怎么样……"谢春华说:"估计有200万棵……"温国辉认真地说:"你多了不要赚,每棵果树一年就赚5毛钱,三年后,你准是百万富翁!"

当谢春华听到这样的数据后,开始心驰神往了。他问温国辉:"如何实施?"温国辉拍拍他的肩膀,信心满满地说道:"回清远再说!"在清远温国辉的办公室里,他在白板上,按照"天龙八步"的逻辑给谢春华讲解了营商之道。讲完后,温国辉认真地说:"你要做自己的门店,按照我的步骤,一步一步地做,一年之后,我们再谈下一步如何实施,好吗?"

果不其然,温国辉的"天龙八步"成就了谢春华。三年后,谢春华从"一无所有"到"样样都有",实现了他预定的事业目标。

如今,谢春华对温国辉佩服得是五体投地,温国辉的话已被他当成名言。

"只要你有目标，整个世界都为你让路！"

"方向不对，都是白费！"

……

谢春华对温国辉的话如数家珍，他说："与智者同行，你会不同凡响，与高人为伍，你能登上巅峰。"

温国辉开发客户的方法数不胜数，"逢山开道，遇水搭桥"，他的策略会因人因事因时而异。在客户开发的道路上，他将成功的手法不断地复制，他的店越来越多，他离自己的事业目标也越来越近。"一万年太久，只争朝夕！"温国辉自信地说："一万家店并不多，锁目标，用方法，不放弃，终会心想事成、如愿以偿的！"

温国辉在完成第一批连锁店后又开始忙碌起来。2010年他将连锁店开到了107家。第二年达到了300多家。这时，基于如何有效拓展连锁店，温国辉提出了四点要求：

第一，组织开好周一的目标分解计划会。

计划会需要把要完成的事情清晰地罗列出来，需要哪些部门、人员的配合，需要什么样的资源支持，都必须做到详尽。

第二，全员分工明细，对结果负责。

每一个市场拓展团队都要有专门的负责人，对开发目标负责。每一位团队成员必须清晰地知道自己要负责的具体业务，自己要拿出什么样的结果。让所有人参加进来，让团队的力量变得强大，让目标的实现变得容易。

第三，确定时间节点，以"天龙八步"的方式攻坚克难，持续推进。

每个团队设定了目标以后,一定要把目标分解成各时间段要完成的具体事项,要按照"天龙八步"的要点进行有序推进。

第四,周五的小聚会。

周五下午把团队成员聚在一起,参加小组会议,对目标的完成情况进行有效的总结。然后吃饭喝酒,让大家尽情地沟通,以此来增进友谊,鼓舞士气。

温国辉非常重视战略举措的设计,重视目标实现的方法,他同时将如上四点要义运用到了公司各个部门的管理中去。"功夫不负有心人",温国辉和他的卓银万家一步一步地接近了他的一万家连锁店的大目标。

温国辉喜欢分享阿塔兰忒的故事,他的员工、事业伙伴和朋友都因此受益匪浅:

阿塔兰忒是斯巴达跑得最快的人,但是她一直不想结婚。她父亲却想把她嫁出去,所以她决定举办一场跑步比赛,赢得比赛者可以娶她。阿塔兰忒提出也要参加比赛,并且只要没有人能跑赢她,她就不结婚。

在比赛的选手中,有一个叫作希波墨涅斯的小伙子。他随身携带了三枚金苹果。每当阿塔兰忒要超过他时,他就往她的赛道上扔一颗金苹果。每当阿塔兰忒发现金苹果就会去捡。终于,希波墨涅斯利用这种方法,以微弱的优势赢得了比赛,并且得到了阿塔兰忒。

毫无疑问,如果阿塔兰忒在比赛前给自己设定了明确的目标,她就该矢志不渝地朝着目标迈进。她本可以凭借自身的实力取胜，保持自由之身。但是在诱惑面前，她大意了。

温国辉总结得非常精辟，他说：将军赶路，不追小兔！谋求发展，远离风险！

3

2014年，温国辉与卓银万家韶关分公司负责人霍建华一同制定了韶关3年发展目标。3年内在韶关将连锁店发展到50家。以连锁店为依托，全力以赴帮助农友打造"三高作物"，即：高品质、高产能、高效益的农作物。

锁定这个目标后，霍建华和下属进行了热烈的讨论。商讨的议题是如何实现韶关3年50家连锁店的发展目标。首先，他们制定了"三步走的战略举措"：第一年的发展任务是20家，第二年15家，第三年10家。

霍建华手里拿着一张区域地图，一张挂历，让每位员工根据区域客户情况，作物情况结合作物物候期，一切以作物需求为中心，制定了一整套完善的产品方案。在不同作物生长周期制定施肥用药的具体方案。

基于目标，各区域制订了完善的年度计划。涵盖了每个月市场人员考核目标，技术讲座目标，示范案例收集目标，门店陈列目标，月度以及周总结会议目标等。

通过制定目标、目标分解等系列措施，卓银万家确保了公司的每位员工都能够锁定目标，下乡服务农友。公司通过让员工少走弯路，确保了让农友少走弯路，促成了企业发展前程大好的局面。

有人心的地方就有江湖，当各区域市场人员出现意见不统一时，公司会组织员工将各自的意见拿出来分析，总结"三强，三弱，三改进"。即三点强项是什么，三点弱项是什么，三点需要改进的是什么。正是运营的专业加上管理的规范，促成了卓银万家的大发展。

霍建华带领韶关分公司团队不负众望，短短的三年，实现了 1 到 50 的突破。同时，根据需要，还在韶关成立了一个大型的、配套设施齐全的卓银万家韶关作物服务中心，组建了一支专业的技术服务团队，直接服务果场超过了 3000 多个。

至此，卓银万家成了韶关最具影响力的农资连锁品牌。温国辉的事迹也成了众多媒体争先报道的热点。这一切都得益于卓银万家锁定目标，分解目标，管控目标，确保结果的运营管理模式。

4

假如你仍不明白如何明确目标，那就把明确目标作为你的首要目标。

一个人，不明白自己最终想要什么，就是对时间的极大浪费和对人生的不负责任。纵观天下，芸芸众生，多数人永久地沉陷于"我不晓得做什么"的泥沼中。他们等着外力使自己目标明确，殊不知这个目标需要自己来确定。自己的人生自己做主。世界是你的，但一切在等着你动手，没有别的法子。你的未来一直等待着你做出明确而具体的选择，直至你下定决心。这就像一位雕塑家，傻傻地盯着一块粗糙的大理石，别期望里面精致的雕像可以自己走出来。切记：心想才能事成，心不想的事，成不了！

温国辉说：要想实现成功，首当其冲地就是要明确地知道你自己想要什么。比如，跆拳道馆的墙上会贴诸如"你的目标是黑带"的标语，它是为了提醒每一位学员为何要如此艰辛地参加训练；再如，高三讲堂后面的黑板上通常会写着名校的名称，这是在鼓舞寒窗苦读的学子们努力念书……在你不知道自己试图要什么的时候，便会常常发生困惑。当你意识到这点时，务必反问自己："我到底想实现什么目标？"

《西游记》里的唐僧目标就非常明确，他说："贫僧是自东土大唐而来，去西天取经的和尚。"正因为他的目标明确，才取得了真经，修成了正果。你必须尽力明白确定目标的意义，从而使目标更加明确，意志更加坚定，从而使你拥有非同凡响、意义深远的灿烂人生。

确定目标绝非是一蹴而就的事情。在这方面，卓银万家也经受过挫折的考验。

2017年3月15日,卓银万家在广西开了第一家连锁店。后来陆续在来宾市、梧州市、贺州市、防城港市等相继开店。但由于区域跨度过大,人员服务不到位,配送不及时,出现了断节现象。

公司领导意识到了问题的严重性后,通过讨论提出改变策略。每个大区由中心配送店想办法解决配送问题,工作人员服务标准相继出台,新人培训等根据流程执行,确保到位。最后,于当年的8月、10月、12月在广西相继开店9家,全年销售额达到了238万元,单店最高销量65万元,进入当地销量的前三名。

卓银万家在冲刺目标的过程中,不断地完善自我,最终扭转局面,实现成长和突破。目标永远不是有没有的问题,目标是一个确定什么,能否实现和如何实现的问题。

目标不锁定,努力再多也将徒劳无功。与其做无用功,不如先找好灯塔。切记:方向不对,努力白费!

5

你的现在并不会与你的愿景匹配得滴水不漏。这不重要,重要的是你的愿景能否让你做出清晰的行动步骤,以便让你始终在朝着目标前进的方向上努力奋斗。

温国辉说:你可能不知道的是,当一架商业客机从一座城市飞往另一座城市之际,它有 90% 的时间是脱离航线的,但它一直在勘测自己的前进的方向并不断调试。目标设定的原理也是如此。确定目标清单的意义,并不是因为那就是你最终会到达的地方,而是因为它能让你清楚地知道你该如何分配时间并且做什么。通常,长期的计划可以促成短期计划的达成。

当你开始朝目标前行时,沿途会遇到很多"新奇事情",你会边走边修改你的计划。假如走到中途,你发现那不是自己真正想要的,你也可能会变更你的愿景。但无论如何你不会偏离你的初衷。完善的变更绝对不会与你最初的目标与计划毫无关系。

经营企业和经营人生有着共通之处,有两个字非常重要。第一个字叫作"哪",第二个字叫作"那"。请时刻问自己三个问题:你在哪?你去哪?你将如何到达那?切记:有缺陷的目标也比彻底没有目标要好得多。

6

在你开始了清楚的、心甘情愿为之付出行动的目标的第一天,你便会发现你的计划有了可以度量的变更,纵然一开始的尝试并不完美。你可以比往常更加迅速地做出决策,因为你晓得它们会把你引向或带离你的目标。

沃尔特·迪斯尼临终前夜,有个贴身记者守在他的床边,倾听他对迪士尼乐园的愿景。这是迪士尼乐园竣工前六个月的事了。当迪士尼乐园终于建成开放时,另一位记者对那位贴身记者说:"沃尔特没能看见这些真是太可惜了。"贴身记者摇了摇头,说:"沃尔特是最先看见它的人,所以我们今天才有缘与它相见。"

心想事成,心不想的事成不了;梦想成真,没有梦想的人没有未来!

清楚的目标是成功的一半。凭借你设定的渴望实现的目标,把它写下来,每日用心回溯和展望,"撸起袖子加油干",你就能用尽力气把目标变为现实。

二、明确目标的意义

温国辉说：永远不要为赚钱而赚钱，为开店而开店，去做那些有意义有价值的事情。你需要选择你爱的，爱你所选择的！

1

如下这张照片里的人你可能不认识，但当我告诉你他叫谢春华时，你一定会印象深刻，想起温国辉当年跟他的经典对话。温国辉说："你多了不要赚，每棵果树一年就赚5毛钱，三年后，你准是百万富翁！"

如今，他有两个身份，一个是清远飞来峡卓银万家升平店店长，另外一个是百万富翁。因为温国辉，他成了得道之人，如今丰衣足食，志得意满！

从 2006 年算起,谢春华在这里开店已经十二年了,谢春华的门店有 100 多平方米,摆放的都是卓银万家的产品。从一无所有的光棍,到漂亮的老婆、优秀的儿子、高档的房子,应有尽有;从只身一人来此开店,到带出了弟弟、妹妹、远房亲戚等五家卓银万家店铺,且个个富足安康。显然,他是一个成功者。

谢春华的成功来源于温国辉当年给他设定的目标,来源于"天龙八步"的工作方法。在卓银万家,像谢春华这样改变人生,实现蜕变的店长不胜枚举。这充分体现了设定目标的意义和"天龙八步"的价值。

没有目标静悄悄,有了目标珠穆朗玛也不高。目标应该以画面感的方式呈现于你的脑际。此刻,请静静地想一想:我的目标是什么?还在吗?深刻吗?

2

温国辉超强的目标感,来源于他对目标深刻的认知。如下这则故事常常闪现在他的脑际。

非洲撒哈拉大沙漠中有一个叫作比赛尔的地方,从前封闭而落后,可如今,每年都有成千上万的人到那里旅游。

过去若干年,比赛尔人从来没有离开过这块贫瘠的土地,不是他们不愿意离开,而是尝试过很多次都没有走出去。人们说:"在这里无论从哪个方向走,最后都还是转回到出发的地方。"

1926 年,英国皇家学院院士肯·莱文非常纳闷比赛尔人为什么走不出去。所以他雇了一个叫阿古特儿的比赛尔人,让他带路,看看到底是为什么。他们带了半个月的干粮和水，牵了两峰骆驼，肯·莱文收起指南针，只拄一根木棍跟在后面。十天过去了，他们大约走了八百英里的路程，第十一天早晨，他们果然又回到了比赛尔。

肯·莱文终于明白了，比赛尔人之所以走不出大漠，是因为他们根本就不认识北斗星。在一望无际的沙漠里一个人只凭感觉往前走，他会走出许多大小不一的圆圈，最后的足迹是一把卷尺的形状。比赛尔地处在浩瀚的沙漠中间，方圆上千公里没有一点参照物，若不认识北斗星又没有指南针，想走出沙漠，确实是不可能的。

肯·莱文在离开比赛尔时，带上了那位与他合作的叫阿古特尔的青年，告诉他白天休息，晚上朝着北面的那颗星星走。阿古特尔照着去做，三天之后果然来到了大漠的边缘。阿古特尔因此成为比赛尔的开拓者，他的铜像被竖在小城的中央。铜像的底座上刻着一行字：新生活是从选定方向开始的。

3

如上这则故事，可以给我们带来哪些启示呢？

温国辉意味深长地说："一个人真正的人生之旅，是从设定目标的那一刻开始的，以前的日子只不过是如同比赛尔人绕圈子而已。不知道向哪个方向行驶的小船，到哪里都是逆风。一个人如果认为自己在一生中能干一番不同寻常的大事，就比没有远大理想的可怜虫有着更多的成功机会。他们更容易得到上苍的垂青。"

可见，一个坚定持久的目标可以让人们把心思紧系在追求幸福上，目标甚至可以让人们更能忍受一时的痛苦和挫折，使人们在面对任何困难和问题时都能坚强。追求目标，即使没有达到目标，也是带来幸福和积极情感的关键要素。

目标决定方向，思路决定出路，思维决定作为。请相信：只要你设定了清晰明确的目标，终有一天，你会走出荒漠，赢得新生，斩获成功。

4

在生活和工作中，明确自己的目标和方向是非常必要的。只有知道你的目标是什么，你到底想要做什么之后，你才能够达到自己的目的，你的梦想才会变成事实。

目标对成功而言，至关重要。然而，仅仅知道目标的重要意义是乏力的。当你想要执行某项行动时，制定目标就是第一步。

如果你想要一个懒人动起来，与其打他骂他，不如给他一个强大的目标，促使他行动。

当年，曹操带兵打仗，士兵们口渴难忍，曹操说："将士们，翻过前面的那座山，就有吃不完的梅子。"于是士兵们突然都有了力气，奋力前进，到达了他们想去的地方。望梅止渴中的"梅子"，就是曹操为士兵们设定的短期目标。

温国辉强调说："目标就是动力，目标就是方向，制定目标已经成为卓银万家的一种卓越的习惯。我做农资连锁的目标就是带动更多的农友富裕起来。我从小在农村长大，深知农作物是农民的衣食父母，把农作物伺候好，人们才能富裕起来。"

有目标者自有千计万计，无目标者只感千难万难。目标就是灯塔，是让你少走弯路、奋力前行的引航者。

三、实现目标的期限

温国辉说：我做事从不拖延。给自己设定时限，并督促自己去实现。

1

你需要给自己规定一个实现目标的期限。举个例子，你追求一个女孩子，你没设定一个期限，等你八十岁了追上她了，她可能已经是别人的太奶奶了，而你自己也将因为自己潦草的人生追悔莫及。切记：没有期限，就等同于没有目标，就永远达不到成功的彼岸。

期限，是权衡目标进展的尺度，是激发你向目标不断前进的动力。没有理想，就没有前进的方向；没有起点，就无从计划自己的航程。纵然有了地图和指南针，依然可能迷失  方向，只有明确自己如今所处的位置和你要去的地方，地图和指南针才能发挥效用，为你服务。

剖析起点，就是弄清楚现如今所处的背景和条件。盼望目标的终点，你才能够快马加鞭。奋斗的过程，请关注时限，上苍不可能再借你五百年！

你需要知道你在哪里,你去哪里和怎么到达那里。人的一生,既要像大鹏一样志存高远,更要像大象一样脚踏实地。

2

设定目标往往并不难,但要实现目标却绝非易事。假如设定的目标太过远大,也容易会因为苦苦寻求却无法达成而气馁。故此,将一个大目标科学地分解为若干个小目标,落实到每日、每周的具体任务上,就是实现目标的最好办法。

目标又分成许多不一样的种类,如:人生终极目标、长期目标、中期目标、短期目标、小目标。人的长期目标有一定期限,它是由数个中期目标组成的,而中期目标则由数个短期目标组成,短期目标则是由若干个小目标组成。

大目标统率小目标,小目标挂靠大目标,大目标是实现小目标的动力和催化剂,而小目标是实现大目标的台阶。在目标管理体系中,是这样的彼此制约,相互影响。要制定每一步的战略目标,务必先弄明白它们的关系和地位才行。

如果你对自己负责任,你需要把目标分解成远期目标、中期目标和近期目标,并督促自己逐步去实现。

无论哪个阶段的目标都需要聚焦。瞄准靶心再开枪,锁定客户再出手,不要用机关枪打鸟,不要大海里捞针,目标要单一,精准并聚焦。泛泛而谈将遥遥无期!

3

纵观天下，拖延症是一种普遍存在的现象。严重的拖延症不仅影响工作效率，甚至影响心理健康。拖延可能造成自责，自我否定，出现负罪感，甚至伴有焦虑抑郁等不健康的情绪。

基于拖延症的三点成因，温国辉给出了三点建议。

第一，过高的期望，过于完美主义。

明星再好看，但她不一定适合你。你需要认清自己，能干什么，能做什么。你需要关注自己脚下的路，找一个合适的切入点。

温国辉常说："不积跬步，无以至千里。"不要总担心最后的结果，其实很多事情是在做的过程中才想到更好的办法的。"坐而思，不如立而行"，比如你追求一个女孩子，你还在思考怎么搞定她时，她可能已被另一个追求者表白了。

第二，缺乏发现新鲜事物的习惯，处事消极，自甘堕落。

积极的人像太阳，照到哪里哪里亮；消极的人像月亮，初一十五不一样！

温国辉说：心态决定状态，状态决定成败！遇到问题应该正面面对，不要去做那些自己都认为很无聊的事情，事后反而会产生更加消极的心态。

第三，过于情绪化，放任自流。

这个世界上绝大多数人是平凡的人。他们觉得自己累了："嗯，是该休息休息了，明天再做吧！"觉得自己心里有点压力了："嗯，是该上网，玩会儿游戏放松放松了。"

温国辉说：人可以平凡，但是不能平庸。每个人都需要静下心来思考。永远不要过于关注自己一时的情绪，请把注意力放在你要做的更大的事情上面。不必过于担心未来，你需要专注于当下。

迟早要做，迟早要你自己去做的事情，那就早做。迟早要面对，迟早需要你自己去面对的问题，那就早点去面对，早些去解决。成功没有什么特别的诀窍，你需要告别拖延，做自己真正的主人，经营好自己的人生，管理好时间。

4

做人做事，不要给自己留退路，说什么"之后还有机会""时间还比较充裕"等都是不负责任的。你要有"此事不成，成事无它"的决心，不要过于期待未来，这个世界上谁也不知道自己还有多少时间。在制订好计划之后你就没有了后路，即便有退路，你也需要把它彻头彻尾地封死。面对目标，你唯一需要做的就是迅速行动。

人的特质在行动中历练而来，你需要斗志昂扬，全力以赴！"不到黄河心不死"，纵便碰破南墙也不回头。拖延只会耗费你的时间和斗志，"坐以待币"就是"坐以待毙"。古时作战，兵家的策略是"一鼓作气"，避免"再而衰，三而竭"。拖延后的心态再想鼓起斗志是比较艰难的，千万不要进入到了"温水煮青蛙"的窘境。

在行动之前要给行动定下个合理的期限。没有期限的行动常是无效的举动或效率低下。人生苦短，"你不玩命，命就玩你！"有一个时间约束，就能让你时刻提醒自己：务必马上行动，否则在约定时间期限内完不成计划。值得注意的是，而对目标，必须要一次性将它落实，千万别说："之后再执行。"试想，之后将置此时情何以堪？此次拖延，下次可能还会拖延，久而久之，拖延就将成为你的习惯。拖延是一种病，至少是一种坏毛病。你需要改掉这个坏毛病，你需要不愧对你的理想，你的目标，你的事业征程。

另外，企业管理者安排任务时，也必须问清楚任务的接收者："什么时间完成？"纵观天下，很多管理者的愚蠢就愚蠢在安排任务时，没有得到一个准确的交付时间。这种弱智的错误在卓银万家就不会出现，因为卓银万家用"天龙八步"在治理企业。

目标管理分为"自理"和"代理"，无论你是管理自己还是管理团队，你都要做一个关于时间的对话。"这个目标什么时间能完成？""为了确保这个时间完成，我的时间需要切割成几段？每一段的结果是什么？""可能妨碍我这个时间完成的障碍是什么，我需要如何处理？"

5

深圳改革开放已经四十年了，在改革之初，提出的口号是"时间就是金钱，效率就是生命"，"深圳速度"闻名遐迩。成功者必是迅速行动者。时间就是金钱，拖延一分钟，就浪费一分钟。深圳的富庶繁荣早已论证了这个口号的价值。

作者在写这本书时，去洗手间都是小跑的，何况是其他别的什么事情了。人与人在本质上是差不多的，之所以后来会出现三六九等，就是因为基于目标的行动大相径庭。只有迅速行动，挤出比他人更多的时间，才能比他人拥有更多的机会，收获更大的成功，赢得更大的尊重。要想不愧此生，你需要和时间赛跑，你需要立即行动。

有人说，判断一个人的成功，要看他走路的速度和力度。速度快、力度强的人是沉稳而又干练的人，这种人成功的概率比较大，而拖延者的步子始终是"慢三拍"。拖延者要想扭转颓势，需要做的是"快三拍"。成功不是天生"强大"，成功需要一生"要强"。

如何才能"快三拍？"第一，想象你实现目标时的幸福的样子；你二，想象你达不成目标的落魄的样子；第三，告诉更多的人，敢于做出公众承诺，让更多的人来监督你，逼迫你不断进步。切记：害怕失去产生压力，渴望得到产生动力。

四、目标绊脚石

温国辉说：实现目标的过程，就是把绊脚石变成垫脚石的过程。

1

坚定信念：战胜绊脚石。

确认目标实现过程中的绊脚石，目的是未雨绸缪，处之泰然，运用自如。同时请确信：绊脚石仅仅是对目标追求者的磨砺和考验，再大的石头，也不可能把你的路阻塞得水泄不通。

正如习近平总书记所说："成功是奋斗出来的！"追逐目标梦想的路上，绊脚石可能是常态，每前进一步都会有。小的绊脚石可以踢走；大的绊脚石挪走；一个人挪不走一群人搬走；一群人搬不走，中间打个隧道；隧道打不成就绕着走；也可以攀岩过去，还可以借助交通工具……只要思想不滑坡，方法总比问题多。每个绊脚石都有能克服的法子。

资源是放错地方的财富，当你踩在绊脚石之上，你将更加高大威武，英勇雄壮，信心十足。

重要的不是绊脚石的大小，重要的是你忽视了它的存在，甚或没有找到移除或者利用它们的有效方法。请坚信：我行的，没道理不行！

2

目标聚焦：基于现实，锁定目标，步步为营。

你是否设定了太多的目标，而且天真地期望自己所有的目标都能一一实现。切记：太多的目标意味着精力的分散，特别是当你拥有太多的长期目标和中期目标时。

比如学习上想学习一门新技能，生活上想追求一个女孩子，个人身体状况上想减肥成功，职业生涯上想成为作家，财富收入上想实现年薪翻番等，这些都是需要少则几个月多则数年才能达成的目标。当他们一股脑儿地呈现在你的面前，你将被压得喘不过气来。假如你设定了太多诸如此类的大目标，每天都是"我要干这，我要干那"，最终的情况极有可能是一事无成。什么都想干好，其实什么都干不好。你必须知道当下的重点目标是什么，把你的精力投放此处。

温国辉温馨提示：在一定的时间周期内，你只需要保留2至3个中长期目标即可，这个时间视情况而定，但不宜过长。同时，你需要把大目标分解成为若干个可以量化实现的小目标，落实到具体的每日、每周的任务上去。

3

作战地图：清晰标注目标实现的过程。

要想把空洞的想象变成明确的目标，最好的办法就是将其认认真真地写下来！你需要写出你的目标是什么，并思考达成它的路径。假如你从来没有将目标记下来过,那此刻就请按照这个思路画出你的"目标作战地图"。

在卓银万家,公司有统一的"作战地图"模版,每个部门每月都会列出部门的重点性工作来。

重点性工作是什么?目标如何分解?采用什么标准推进,需要完善哪些标准?为了达成目标,需要采用何种方法?计划与措

施是什么?与谁沟通,怎样沟通?利用哪些政策和资源?对不会做、做不好的员工采取哪些培训,怎样培训和辅导?推动执行的手段是什么?如何形成内部的竞争?如何检查和奖惩?谁来跟踪,跟踪什么?都必须清晰地罗列出来,并在实践中改进总结和创新。

这个作战的思路,就是"天龙八步"的思路。

卓银万家的管理层说:将目标写下来,可以梳理含糊不清的想法。"天龙八步"的作战思路对目标的实现大有裨益。"磨刀不误砍柴功",当我们静下心来运筹帷幄,排兵布阵,梳理思路时,一切管理工作将从此变得简单。

人类是健忘的动物。纵然你将目标写下来,你仍然可能遗忘。为了让自己深深记住,潜意识里不断提醒自己的最好办法就是"重复强化"。你可以像卓越银万家一样,把目标张贴悬挂在较为显眼的位置,或者通过电脑手机等设置提醒等,确保"目标天天见"。切记:目标天天见,好事连成片。

五、实现目标所需的条件、能力

温国辉说： 诸葛亮会草船借箭，我会借拜耳卓越的销售系统，借台湾兴农优秀的服务体系，连我的普通话都是借来的。读者们借"天龙八步"运营企业成就人生，对我而言更是非常开心的事情。

1

专注学习：成功才是成功之母，向成功人士学习。

失败并不是成功之母，只有成功才是成功之母。从一个失败者那里只能得到失败的经验。只有向成功者多多学习，才能从他们那里洞悉成功的奥秘，获得成功的经验，才能使事业更上一层楼，最终到达成功的彼岸。

当下，社会已经进入快速发展的时期，特别是"互联网+"时代的来临，传统产业受到了冲击和颠覆。包括公务员，各行各业都在颠覆。社会正在大步前行，要不想被时代淘汰，就要跟上时代的潮流，成为时代的弄潮儿。

华为任正非，如此成功的企业家，虽然年逾古稀，事业达到了很高的地步，他也从来没有忘记向成功者学习经验与技术，从而丰实自己的企业，为企业未来的道路找到了更加清晰的方向。几年前，他曾带队向 oppo、vivo、IBM 等优秀企业学习，甚至也像农资人请教。这是一种多么虚怀若谷的精神啊！

卓银的发展，虽然主要靠团队的上下一心，艰苦打拼，但也离不开多年来的前辈和贵人相助。碰撞产生灵感，正是因为智慧的有效汇集，才使得卓银在农资连锁的道路上厚积薄发，横空出世。

只有向成功人士学习，才更有机会接近成功。

在卓银发展中期，公司出现了发展瓶颈，一度止步不前，发展乏力，市场一直难以拓展，但是卓银坚持向优秀企业学习的精神，导入卓越的知识和优秀文化，才使卓银振翅重生。任何企业都应该具备重生的勇气和改革的决心。唯有这样，才能使其跟上时代的步伐，在日新月异的农资市场中立于不败之地。

卓银曾经向台湾兴农学习田间服务，从而提升了农友们对卓银团队的满意度；曾经向德国拜耳学习标准作业流程，从而使卓银的工作品质得到进一步提升；曾经向绿业元范总学习聚焦，从而使卓银的技术水平得到了大幅度跨越；曾经向百果园、丰信等学习优秀模式，从而使卓银的工作体系得到进一步优化；曾经向微补学习专业授课，从而提升卓银讲师的讲课水平；曾经向新田龙学习"栽培＋植保＋营养"和"全营养金字塔体系"，从而使卓银的技术服务水平得到全面提升；曾经向田园学习企业文化的塑造，从而提升了卓银万家的企业品牌知名度；也曾带队到阿里巴巴等学习互联网思想，从而使卓银万家进一步跟上了时代的潮流与趋势……

最终，因为学习和创新，卓银建立了企业专属的盈利系统，为企业插上了腾飞的翅膀，实现了"翱翔蓝天"的夙愿。

2

主动服务：利润之花恰在细节之处盛开。

海底捞在餐饮业的服务是脍炙人口，有口皆碑的。卓银万家被称为"农资界的海底捞"，为什么会这样？因为卓银人深深地知道服务二字的分量和价值。

纵观天下，任何人都希望心想事成，极速成功；任何企业都希望大展宏图，基业长青。然而，希望不等同于实现。要想有前途，有钱赚，就必须思考"通过什么，做什么，实现什么"。实现什么？当然是实现目标；通过什么？通过手段；做什么？做具有价值的行动。

很多企业在员工培训时，口号喊得咣咣响，诸如"热情服务""微笑服务""专业服务""亲情服务"……有的企业甚至提出了"客户就是上帝"之类的口号，花样层出不穷，口号老生常谈。当你去体验他们的服务时，收获的只能是无奈和失望。

海底捞怎么做？他们不等客人提出需求，主动为客人着想，超越客户的期许。

一次温国辉去海底捞吃饭，他把眼镜摘了下来，拿在手里看了一下，服务员立马送过了一个眼镜布。他擦拭了以后，还回去的时候，工作人员说：先生，这个眼镜布是本店特意为您准备的，外边的风沙大，您带回去相信对您会有帮助。温国辉对海底捞的感觉立马就上来了。室内的天气热，他脱掉外套，披在椅背上，这时，立马有员工在他的外套上罩了一个罩子，以防来回走动的客人弄脏他的衣服。如此这般的小事数不胜数，海底捞的服务体现在细节中。温国辉颇为感慨：天使出于细节，这才是服务！

温国辉回到公司,将在海底捞的体验讲给了员工,公司开始推行"主动服务"。为了将"主动服务"做得更加到位,卓银万家以体系的方式加以推进。温国辉强调说:流程对接的每一个单元都是客户。无论是内部客户还是外部客户都必须服务好。

纵观天下,有的人挣钱,有的人赚钱,有的人被钱追着跑。切记:为人民币服务,必为人民服务,如果你不懂得为人民服务,人民币就不是你的。

3

内在模式:利用心理暗示,激活潜意识,感召显意识。

一个人,能整合自己的资源就是人才,能够整合别人的资源才是老板。要想实现目标,你所需要的条件与能力缺一不可。只有目标而没有条件与能力,就像没有安上翅膀的美梦,终究难以实现。万事俱备,只欠东风,就找东风。东风具备,还差万事,放弃目标!

如何让自己不放弃目标呢?你需要设计科学合理的目标,同时,想象实现目标后的样子。你需要给自己足够多的心理暗示。

你需要创作一幅心理图式,就像它已经实现了一般。"画竹者,心中先有竹""画饼者,心中先有饼""说前边有梅子的曹操,他的内心先有了梅园"……你要告诉自己和利益相关者,实现目标的益处。直接利益是什么,现实利益是什么,长远利益是什么,人类利益是什么。

闭上眼睛,想想目标实现后的样子,那将是何等的愉悦,何等的振奋人心。正是目标实现的样子驱动人们阔步前行。永远不要忽视潜意识的存在。那将是你绽放激情，爆发潜能的地方。你需要激活你的潜能，激活团队的潜能，你要深谙这种"内在模式"的存在规律。当你的潜意识中有你想要的，你才能完成你想要的结果。

就像操作一台电影放映机一样，你需要在大脑的屏幕上不断地播放和重播目标实现时的画面。这个图像会激活你的潜意识。你会像"活磁铁"一样，形成一个巨大的能量场，不知不觉中将那些有利于你实现最渴望的目标的思想、人物、资源吸附在你的周围，为你所用，从而促成你的成功。

目标显现化，人们的激情会因此爆发。切记：潜能、潜能，创造生命无限可能。

4

自我激励：积极肯定自己，以成功的样子示人。

写一个关于目标的清晰表述或肯定，就如同它已经实现了一般。充满激情地对自己重复这个目标，实际上是将这个指令在潜意识里留下越来越深的烙印。

你可以做诸如此类的心理暗示，比如说："我是优秀的企业家，我的企业今年一定会利润倍增！"或者："我是销售精英，这个月开发三个客户丝毫没有问题。"只有成功的条件才能匹配成功，你需要展现你成功的样子。

中国历史上第一次大规模的平民起义的领袖叫作陈胜，他有两句话颇具价值。第一句是："王侯将相宁有种乎！"说白了就是别人行我也行；第二句是："燕雀安知鸿鹄之志哉！"他把那些不理解他的人视为"燕雀",而他自己"鸿鹄"的形象就出来了。无论做什么,你需要拥有这份自信。

这个世上,"没有炸不开的碉堡,没有飘不起来的气球,心中无敌自当无敌于天下。"通过自我肯定,你将收获更大的舞台,实现更大的目标,赢得更大的尊重。

5

赢得合作:自承百分百责任。

有这样一个有趣的现象,当你愿意为了实现自己的目标而承担全部责任时,在你通往成功的道路上就会有贵人相助。但如果你为自己找借口、指责他人,或依赖别人的帮助,失去自我时,他们反而会采取忽视或躲避的态度。如果遇事先自己想办法,你收获的不仅仅是更大的成功,而且会得到你所需要的人更多的支持。如果你在实现目标的过程中总是求助于人,你得到的往往是失望。

当你需要别人相助时,你一定要思考,别人做这件事的利益在哪里,他们为什么要支持你。你不要以任何方式告诉别人你注定是一个失败者,因为世上没有人愿意跟失败者共伍。

付出才能杰出,承担才能成长。人生的舞台上,你需要扮演那个主角。要知道无论成功还是失败,你需要对结果负全部的责任。而结果才能改变命运,结果才能赢得尊严。

切记:拥有自我,赢得人生;失去自我,天塌地崩。以利己之心利人,这是一种情商,更是一种智慧。

6

坦诚交流：畅通成就伟业，协同创造价值。

开诚布公地交流和沟通是团队合作中最重要的环节。人与人之间遮遮掩掩、言不由衷，甚至挑拨是非的做法，都会严重破坏团队中的工作氛围，阻碍团队成员间的正常交流，并最终导致项目或企业经营的失败。

卓银万家的团队开会讨论问题时，与会的所有人员都会坦诚地交换意见，这样才能做出正确的决定。坦诚不仅表现在开会时，坦诚已经成了卓银万家的文化要素之一。

如果某个人因为考虑到某些其他因素，比如不愿反驳上级领导的意见，而在会议上不敢表达自己的观点，一味地唯唯诺诺，会后到了洗手间里再和别人说"其实我不同意他的观点"，这种戴着假面具工作的人不但不能坚持自己的观点，还会破坏公司内部的沟通和交流渠道，对工作产生负面的影响。

"当面说好话,背后讨人烦"是不可取的。为了实现组织的宏伟目标,胆、胸、心,三个字不能丢。切记:上行沟通要有胆量,下行沟通要有爱心,平行沟通要有胸怀。

六、目标溯源：以终为始

温国辉说：唯有以终为始来看待问题，才可以找到正确的发展道路。

所谓"以终为始"就是先在脑海里酝酿，然后进行实质性创造，换句话说，就是想清楚了目标，然后努力实现之。正是以终为始的思维逻辑，促使温国辉找到了"天龙八步"的运营策略和工作方法。

温国辉心中有爱，有造福家乡人民的想法，他把公司连锁店发展目标定到了一万家。这是基于他的初心，他的情怀，他的精力和能力去定的。为了实现这个目标，在企业运营实践中，他创造了企业运营宝典"天龙八步"。

曾经也有人对他的"狂妄"不屑一顾，甚至嗤之以鼻。而今天，人们向他投过的是崇敬的目光，尊称他为农资连锁"教父"。

很多人向温国辉请教："在中国，做农资连锁的不止卓银万家一家，而卓银万家的发展是令业界折服的，您是如何做到的？"

温国辉说："首当其冲的是'明确目标'，我要开一万家店。这么庞大的数字不是做一件小事，不'建立标准'是不行的。于是，在我的企业推行工作流程化，流程标准化。世上的路没有一条是好走的，我们必须'利用方法'，去实现卓银万家的目标。在连锁店推进的过程中，我们发现人和人是不同的，而我们在推行标准化，无论是企业内部员工、连锁门店的店长，还是农友，都需要'组织培训'，让他们理解，会做。所有的工作，没有一蹴而就的事情，于是我想到了'推动执行'。怎么推动呢？人是有惰性的，需要他们改变。员工都是具有创造力的，需要他们发挥。我深知：员工在检查和奖惩的状态下产生高绩效，所以我们卓银万家非常重视'检查奖惩'工作。企业的发展没有事事如意的，我们需要不断地'归纳总结'，并在总结的基础上'优化创新'，从而确保企业目标的如期实现，和企业的永续经营。如上的思路就是'天龙八步'的思路，这也正是卓银万家能够不断取得成功的诀窍。"

以终为始，你想去哪里，全世界都会为你让路。

设定目标
天龙物语

纵观农资江湖,成功就是达成预期的目标。农资行业有的企业,因为自甘堕落"不起了";有的企业因为缺少目标方法"起不了",而只有那些诸如卓银万家的优秀企业才能成为"了不起"的黑马企业。要想永久持续放心地赚钱,你需要把目标放在首当其冲的关键位置。

TARGET

第二章
建立标准
导读

一、适用性

二、系统性

三、统一性和协调性

四、标准溯源：思维定式的力量

第二章 CHAPTER 2 建立标准

温国辉：农资连锁成功与否，与有无科学合理完善的标准体系息息相关。如果树立目标之后不按照标准化来推动，那将造成企业经营的重大灾难。企业要以连锁的方式决胜于农资江湖，就必须懂得建标准，推标准，用标准。

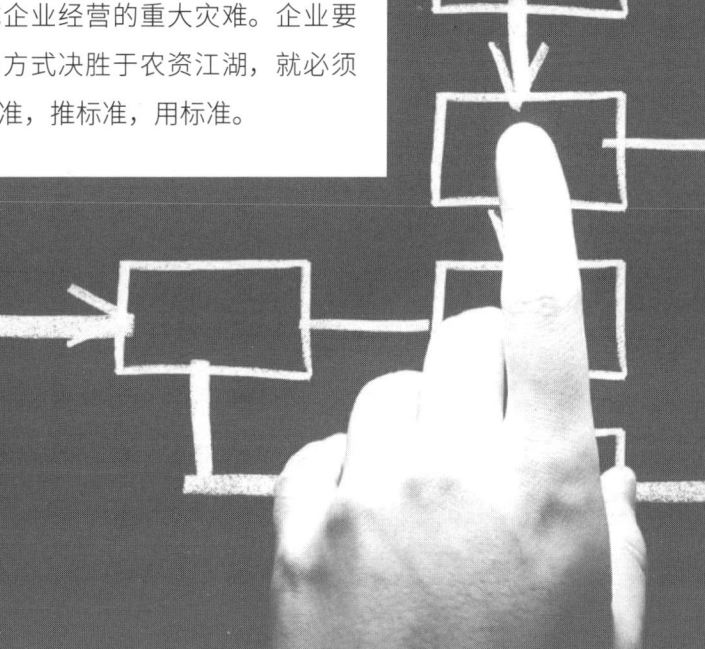

第二章 建立标准

一、适用性

温国辉：卓银要做到让天下没有难种的庄稼，就必须考虑产品的适用性、作物的适应性，这道理也同样适用于其他相关的事情。

1

适用性原则：无论是作物生长还是建立标准，为人处世都必须考虑适用性。

"晏子使楚"的故事常常萦绕在温国辉的心头，这确实是一个发人深省的故事。

晏子将要出使楚国，楚王得知消息后，对身边的大臣说："晏婴是齐国善于辞令的人，现在他要来，我想羞辱他，该用什么办法？"大臣回答说我们如此这般，这般如此。

晏子到了楚国，楚王赐晏子酒喝，喝酒喝得正畅快的时候，两个官吏捆着一个人来到楚王跟前，楚王说："捆着的人是干什么的？"官吏回答说："是齐国人，犯了偷盗的罪。"楚王瞟了一眼晏子，说："齐国人本来就善于偷盗吗？"

晏子离开座位严肃地回答说："我听说过，橘树生长在淮河以南就是橘树，生长在淮河以北就变成枳树，只是叶子相似，它们的果实味道却不一样。为什么会这样呢？是因为水土不一样。现在人生长在齐国不偷盗，进入楚国就偷盗，莫非楚国的水土使人变得善于偷盗了吧！"楚王听后，笑着说："圣人是不能跟他开玩笑的。我反而自取其辱了。"

温国辉说："橘生淮南则为橘，橘生淮北则为枳。"从农林种植的角度来看，这恰恰也点明了环境对作物的影响，如果不考虑环境与作物之间的适应性，再努力的耕作也得不到理想的成果。同理，企业建立的标准，如果不考虑适应性，也会造成管理上的混乱。

正所谓"风物长宜放眼量"，企业要发展，领导者不要过于计较一些小节问题，要有长远的目光和听进不同意见的胸襟。面对"物竞天择，适者生存"的丛林法则，每个人都需要提高自己的适应性，恰是："大肚能容，了却人间多少事；满腔欢喜，笑看天下古今愁。"

2

农资产品销售的适用性：投机取巧，只会把企业带进死胡同。

农资市场，曾经忽悠风气盛行。甚至有人鼓吹，农资销售最快的捷径就是"拍胸脯做承诺，敢忽悠卖劣货"。在这种情况下，卓银万家坚定贯彻"别人努力找捷径，卓银人努力不找捷径"的经营理念。温国辉认为：所谓经营，就是经历一个过程，营造一种价值。在经营的过程中，必须把企业的价值有效地传递出去。

卓银人视农作物为衣食父母。温国辉说：我们必须敬畏农作物，敬畏农友，尊重科学。坚决不能让技术员、销售员空喊口号。否则，即便公司短期内盈利，对于长远发展也是极为不利的，对于广大农友更是不负责任的。到时不仅损害了自己的口碑，还会伤害农友的心。

"空谈误国，实干兴邦"，卓银万家抱着务实的经营哲学经营企业。

为了让农友更直观、简单地学习科学技术，卓银万家在酶肥的推广初期，形成一个统一标准：销售人员必须"带着猪肝上路"。

关于酶的知识，枯燥而复杂，普通百姓听起来不好理解。相对而言，老百姓更喜欢看得见摸得着的东西。

由于猪肝中存在大量的生物酶，通过和过氧化氢接触会立即产生大量的氧气，能使"火星"马上变成"火把"。因此，卓银万家要求销售人员通过做"猪肝 + 过氧化氢实验"，让老百姓形象直观地了解酶肥的作用。然后，有针对性地介绍核心原理以及酶肥的价值。"功夫不负有心人"，老百姓看到卓银万家的农资产品的神奇功效后更加信任了。卓银万家借助"猪肝 + 过氧化氢实验"有效地将酶肥推广开了。农友们借助酶肥实现了减肥增效和增产增收。

另外，卓银万家全面推行用显微镜让农友看微生物、病菌、线虫等肉眼看不到的东西，用测土仪现场检测土壤酸碱度等。农友们在这个过程中受益良多。知识的普及与技术的推广，夯实了卓银万家的"江湖地位"。

在卓银万家的带动下，很多农资企业也学会了通过仪器帮助农民科普知识选择产品的方法。温国辉觉得这是好事，他说：农友是用来爱的，而不是用来坑的。他对忽悠深恶痛绝。

新产品推广，绝对不能纸上谈兵。必须让农友便利地获取知识。营销需要简单化，最好像"获取自来水，扭开水龙头就行"

那样简单。多年来,卓银万家在产品推广方面确立了若干的标准,销售人员按标准操作,轻车熟路,成绩显著。

3

适用一世而不是一时:在科学和原则面前,坚决不向"世俗习惯"让步。

一般坊间都会认为人的形态圆润、脸色红润是健康状态,殊不知身体疾病最多的就是这种虚胖人群。农友普遍认为墨绿色的作物才更加健康,殊不知墨绿色的作物往往是陡然生长。营养生长过盛的作物,反而缺乏正常的生殖生长,难以带来可观的经济效益。这个道理就像"肥婆难生崽"一样。从专业的角度讲,翠绿的作物才是最健康的,既能保证持续稳定的产量,又能确保品质。要想实现"高品质 + 高产能 + 高效益",卓银万家不断地以标准化的方式推行对作物的诊断。

家庭教育道理亦是相通。比如,小孩子在外边通过耍小聪明占得一点小便宜,庸俗的家庭往往会对这样的行为点赞,而正确的教育必须是否定这些"不干净的成果",让小孩子认识错误、改正错误。卓银万家从来没有放弃对农友专业知识的普及。温国辉说:你能教育多少人,你就能管理多少人。

要想像卓银万家一样极速成长,永续经营,绝不能靠短线的忽悠和欺骗,必须着眼未来,经得住考验。"打铁还需自身硬",只有不断遵循适用性的原则,创新方法,建立标准,推广标准,做好广大农友的思想工作,才能实现更大的突破与飞跃。

二、系统性

温国辉说：要时刻保持系统性的理性思维，方能以不变应万变，决胜于农资江湖。

1

工作中，你是否有过这样的困惑？接到一个需求时，看似很小，结果却越做越大。待整个项目下来，不仅造成了项目延期，还背了好多"黑锅"。

生活中，你是否有过这样的经历？每天不停地穿梭在朋友圈和各色文章案例之间，点赞、评论、分享。一天下来，你好像看了很多，又好像一无所获。

以上这些现象你是不是"躺枪"了？温国辉温馨提示：你需要思考如下两个问题：一是工作中面对需求，如何进行系统化的思考；二是生活中如何构建自己的结构化知识体系。

说到系统性思维，可能大家就会想到许多前辈总结出来的思考和解决问题的方法论。比如：SWOT 分析法、5w2h 分析法、鱼骨图分析法、6 顶思考帽法、麦肯锡 7 步分析法、金字塔原理、思维导图等。

这些分析问题的思维方法很有用，出于对读者负责的考虑，本书不再分享这些大家耳熟能详的知识，感兴趣的朋友可以在百度中查阅学习。

2

工作中面对需求，如何进行系统性的思考？

我们到餐馆里吃饭，菜不可能一会儿点一个，通常都是一下子点完。同理，我们工作中更不能想当然地做工作，"东一耙子，西一扫帚"是不可取的，是干不好工作的。

以人力资源为例，不可能哪个部门有人员需求，就立马招人。因为人力资源应该有人力资源的规划。以营销部门为例，不可能想当然地去开发客户，因为市场要有市场的规划。以采购部门为例，不可能想当然地去采购原料，因为要分析行情，要考虑市场上的需求，要考虑公司的库容等综合因素。

再如产品设计，设计之前就要充分考虑产品设计要达到的功能，解决的具体问题，尽可能多地参考多数人的意见。如果产品设计缺乏系统性的思考，待产品出来后，挑毛病的人提出一大堆建议，就会混乱不堪，甚至会出现成果被否定，资源造成极大浪费等不该发生的情况。

思考问题，不能"一叶蔽目，不见泰山"。你需要有大局观，永远不要拘泥在自我的层面，你要多想想我们，多想想组织，多想想企业，多想想我们的家国。

人生靠规划，市场靠策划，结果靠计划。多进行系统性的思考，才能成就系统性的伟大。

3

点性思维和系统性思维是思维发展的两个阶段，也可以被称为是传统型思维和现代型思维。

点性思维是一种形而上学的思维方法，它来源于对事物表面的现象的判断，而往往忽视了对事物本质的判断和了解。系统性思维则不同，它强调从整体出发，先综合、后分析再综合的思维模式。

那么，当我们接到一个需求时该怎样思考呢？结合系统性思维，温国辉把需求归纳成 5 步法则，采用总分总的思维模式。

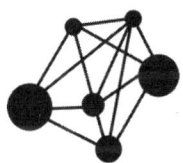

点性
传统型 / 表面

系统性
现代型 / 本质

4

满足需求 5 步法则，以卓银万家升级新会销为例：

序号	步骤	内容	举例
1	业务目标	明确整个项目的业务目标是什么	以标准化驱动公司新会销变革
2	需求目的	明确需求的来源和想达到的效果	传统会销老三样：出个政策，喝点酒，拉点货。对业绩的贡献有限。要想突围就要建立新会销体系
3	需求分析	明确需求的合理性和价值	设计一个有别于传统会销的会议模式。如基于消费心理学思想，营销精细化思想，利用国学精神和品牌文化保驾护航，交流输出企业的专业技术，通过环环相扣、层层递进、吸引人心，达成会议目标的现代会议系统
4	设计执行	保证用户体验的一致性	基于全流程，设计"新会销"，分为八个步骤，即： 1. 确定会议　2. 策划会议 3. 准备会议　4. 导入会议 5. 执行会议　6. 结束会议 7. 跟进会议　8. 总结会议
5	设计验证	回顾目标，沉淀经验总结	通过举办"新会销"来检验"新会销"的价值，沉淀经验，总结提高

系统性设计思维要求我们,不管需求是来自用户还是来自企业老板,要时刻保持清晰的主线。

在需求开始之前,一定要围绕整体的业务目标,跳出需求本身,即表面现象,剖析需求的缘由,揭秘问题的本质。

在提供解决方案的过程中,要把自己当成这个项目的主人,多问自己为什么要这么做,如果这条路走不通,会不会有更好的方法。

在需求完成后,不管是通过调研还是数据,都要建立一套回流系统,验证需求的满足程度,不能做甩手掌柜或者是单纯的执行者,为工作而工作。

系统性思维

综合 ➡ 分析 ➡ 综合

1 业务目标
明确整个项目的业务目标

2 需求目的
明确需求的来源和想达到的效果

3 需求分析
明确需求的合理性和价值

4 设计执行
遵循设计规范保证用户体验一致性

5 设计验证
回顾目标,沉淀经验总结

三、统一性和协调性

温国辉说：卓银的六个统一，是专注农资的纵向标准。

1

卓银万家的经营秩序是靠标准驱动的。标准使卓银万家的工作变得高效简单。纵观"农资江湖"，也有一些企业奉行标准化，但在操作的层面却变了味道，究其原因，是他们为做标准而标准。缺少目的性和可操作性。这些标准不能统一在公司的战略框架下，不能有机地协调起来，最终导致标准化名存实亡，甚至失败。

卓银万家之所以会成功，因为卓银万家讲求"六个统一"。

统一形象。

温国辉要求：卓银万家农资连锁各个门店的识别系统必须统一。包括：理念识别系统（MI）、视觉识别系统（VI）、活动识别系统（BI）的统一。统一的企业形象，使卓银万家展现给公众的印象直观和强化，达到了连锁效应和聚拢品牌力的效果，非常有利于促使消费者认同企业，并对企业萌生好感和依赖感。

卓银万家运行初期，企业与服务店之间的连锁注重的是视觉识别系统（VI），真正对理念识别系统（MI）及其活动识别系统（BI）没有施行"连"，更谈不上"锁"。故而导致企业与服务店之间相互的信息不畅，活动不衔接、信赖度不高，合力不强，难以实现真正意义上的规模化、品牌化、效益化。

温国辉意识到这个问题的严重性后，提出务必对连锁理念、企业宗旨、企业价值观与企业代理哲学等对服务店施行阐明，并把视觉识别系统（VI）、活动识别系统（BI）的强制性要求落实到位，最终实现了卓银万家与服务店的既"连"又"锁"。

卓银连锁服务店统一的 VI 设计

2

统一产品陈列。

卓银万家的产品陈列有着非常严格的统一标准。在日常的门店管理中，必须依据公司规定的产品陈列标准来执行。这些标准包括如下五个统一：

1．高低的统一

产品高度的统一。

层板高度的统一。

道具高度的统一。

架顶产品的统一。

2．色彩的统一

色彩的统一不仅是外包装的统一，还包括了包装内的实物的统一。

色彩的过渡要分明，能明显区分相邻产品。

色彩的统一必须注意到货架、价签槽、POP 的颜色。

3．包装的统一

首先服从于分类陈列的原则。

包装的统一往往是横向的，而非纵向的。

包装的统一是在相对区域内的统一。

4．分割线的统一

陈列完的一组产品和另一组产品之间的空隙必须统一尺寸。

分割线的统一要确保横竖两条线的统一。

分割线的统一要确保价格标签的统一。

5．价签的统一

指示箭头必须合理使用。

色标、尺标、码标确保使用合理。

每层层板都要确保价签的大小和位置实现统一。

要确保"一物一价，有物有价，无物撤价"的原则。

第二章 建立标准

卓银连锁服务店统一的商品陈列

3

统一价格。

在产品价格方面，卓银万家具有显著优势。主要体现在保障质量和保护市价统一上。一是严格把关产品质量；二是坚决保护价格统一，对连锁代理网络内的产品坚决执行统一零售价，严格价格管理，禁止竞价、窜货等行为的发生，从而保障连锁成员间的价格统一。

统一价格，让农民在卓银万家每一家门店都能感受到商品牌价的一致性，使其在卓银万家的任何一家门店都可以直接进行交易，而无后顾之忧。同时，这种做法也为企业的代理管理、商品核计等带来了极大的便利。

4

统一服务。

卓银万家服务的主要形式,包括如下几个方面:

一是产品采购。卓银万家各个门店所有产品务必由总部采购。这是出于保障产品质量与降低商品采购成本的考量。门店所代理的商品要按照消费者需要做最佳的商品组合,并不断更新换代。

二是门店培训。对当地的加盟商及相关工作人员施行农艺、营销、管理等方面的培训,使其能管理分店,增进营销能力。使其能以技术为依托,讲解产品特点卖点和使用方法,确保农民对产品感兴趣,达成交易。

三是技术指导。以门店为据点,依据当地应季作物的不同生长期,通过多种形式对农民施行技术指导,如现场会指导,每亩用药指导,印发技术小册子等。

四是专家坐诊。聘请专家在门店坐诊,接受农民咨询,解决农民实际问题,帮助农民选药与配药等。门店农艺员经过培训,可以从事卓银万家代理,推广新产品、新技术,实行"技物接合"。

五是示范观摩。在示范田处召开观摩会,提供产品试用装和技术讲座服务,用直观的效果指导农民科学种地。

卓银万家对所有门店的服务措施实行统一规范,确保消费者到任何一家门店,都可以享受一样的服务。商品与服务实现统一,有利于卓银万家的产品销售,同时也利于推广连锁品牌,提高企业的声誉与行业的影响力。

观摩会、技术讲座、促销会在卓银万家合称"三合会"。这

也是卓银万家为连锁门店提供的超值服务。这项服务是面向企业所有连锁店开展的。"三合会"有着完善的标准流程,有完整的会议套表工具。无论会前会中还是会后,都关注环节、着力细节,确保会议效果的有效实现。

以卓银万家的柑橘秋梢技术讲座为例:为了保证来年的挂果数量与质量,卓银万家都会开展大量的秋梢技术讲座。在秋梢萌发前,做好周密的会议计划。

2018年6月底,韶关分公司在辖区内召开技术讲座20多场,提前两周邀请连锁店种植柑橘的农户,确定人数规模后,就开始优化课程,准备音响、投影仪、宣传物资等。工作人员进行明确而具体的分工。1个主持、5个场控,所有事项对照会议套表进行准备和检查,确保万无一失。

提前一天,工作人员开始打电话与农户沟通,再次与农户确认到场时间。临开场15分钟,还没到场的农户,工作人员需要通过电话再次催促。农户到场签到时收集相关信息。会议准时开始,主讲授课老师有针对性地讲解技术知识,场下的工作人员负责维持现场秩序,课程讲授完毕后,留有时间用于解答农户的疑问,通过相应的互动,强化会议的效果。

会议结束后,工作人员及时有效地和农户进行一对一的沟通,了解讲座效果,强化客户认同,建立并维系客情关系。会议结束当天,工作人员会对会议进行检讨总结,提出改进优化会议效果的方法,为下次会议累积宝贵的经验。

卓银万家工作人员在对农户进行培训

5

统一技术。

卓银万家主张"技术+服务"的推广模式。统一技术是公司与农户建立高度信任的关键,也是卓银万家领先市场的核心优势之一。公司技术服务经过 20 多年的沉淀与升级,体系越来越成熟。

20年来，从聚焦柑橘等单一作物，不断地拓展到火龙果、香蕉、荔枝、沙田柚等多种经济作物。为了保证技术的统一性，公司非常重视技术的培训，新老员工每年都需要经过多次技术培训并通过考试合格才能下市场。新开发的门店店长也需要到公司经过一个月的技术学习才能开业。每个作物周期公司先对员工进行统一培训，然后再对店长与农户进行培训，之所以这样做，为的是能够更好地服务农户和作物。

为了帮助农友打造"三高作物"，即高品质、高产能、高效益的作物，公司花费了大量的人力和物力。

比如柑橘，公司不遗余力地研究整理柑橘生长规律，针对柑橘各个时期的生长营养需求以及主要病虫害防治进行研究，历时1年5个月，制作出了一本详细的柑橘管理手册。手册内有大量的柑橘成长图谱，以及详细的田间管理施肥用药的时间节点，方便农户对照使用，提前补充所需营养以及预防病虫害，确保防范风险，提高品质，确保增产增收。

卓银万家定期进行技术更新优化，制定出更加完善的作物营养方案。并组织店长培训学习，每月一次，雷打不动。培训会上，讨论当季作物的难点痛点和提供可行的技术方案。确保所有店长思想统一，方案统一。然后是确保员工的相关统一。

确保柑橘各个重要生长周期前组织开展"保花保果方案""壮果防裂方案""秋梢方案""冬季清园方案"等知识讲座。

2017年4月，卓银万家在韶关仁化体育馆举行了一场题为"如何保花保果"的千人知识讲座，得到现场农友的极大认可，大家纷纷表示希望卓银万家能够多举办这类接地气、有干货的技术讲座。

温国辉说：统一技术，是因为技术本来就应该具备严谨性，不能像某些不良商家那样，为了卖产品想怎么说就怎么说。让每个门店做到技术统一，方案统一，根本目的是让农友少走弯路。这同时也是一个有担当的企业的社会责任。

卓银举办的技术交流会

6

统一配送。

卓银万家连锁门店众多,商品需求量大,有条件实行规模化采购,这有利于减低商品的采购成本,也有利于商品集中囤放,有利于仓储和配送。在商品流通环节中,卓银万家的核心功能是负责采购与配送。

农资配送中心功能涵盖:采购功能、配组功能、分装功能、贮存功能、信息采集功能、调运功能等。

1. 采购功能

卓银万家配送中心汇集各连锁分店的要货计划后,结合配送中心仓储和市场供应情况,制订统一的采购计划,统一向供应商或生产商采购商品。

2. 配组功能

因为各连锁分店在同一时间提出的要货在品种上不尽相同,要货数量也不等,同时供应商提供商品的时间也不会相同,这就要求配送中心将供应商提供的商品汇集后,依据各分店的要货实行配组,而后分送。

3. 分装功能

(1) 卓银万家可以与生产商协定,施行产品分装业务,从而大量节约成本,同时,还可以采用卓银万家自有的农资商品品牌。

(2) 采用大包装货物进货形式,而后依据各连锁分店分销的要求,对商品施行分装,缩小包装以满足各门店的要求。大量进货可以降低商品的采购价格。

4. 贮存功能

配送中心集中贮存应季农资，等于各个分店所设立的大仓库，可以节约各个分店仓储用度。

5. 信息采集功能

农资配送中心同时也是卓银万家的信息中心，它一头连厂家，一头连市场。过程中所获得的经验和暴露的问题均可以在配送中心反映出来。

6. 调运功能

配送中心能依据互联网所得到的各网点需要货物信息，合理安排运力，及时向各网点送货，及时满足各网点的商品需求。

卓银万家实现统一形象、统一产品、统一价格、统一服务、统一技术和统一配送等是连锁代理的基本规范和内在要求。发展农资连锁代理业务必须向专业化、规范化、现代化迈进。行业排头兵卓银万家为中国农资企业连锁的发展摸索出了成功的经验。

温国辉说：在《现代汉语词典》里，"标准"一词的解释："权衡事情的准则。"无论做什么事情，总要有个标准，当然这个标准有高有低。有什么样的工作标准，就有什么样的工作质量和水准；只有标准高一点儿，才可能把工作做得好一点儿。

工作标准，源于一个人的思想境界和精神寻求，代表着一个人做事的风格和成效。古人云："谋其上，得其中；谋其中，得其下；谋其下，无所得。"用一流的标准做事，不只是一种责任、一种气势、一种精益求精的风格、一种执着寻求的精神，更是一个领导有所作为的内在要求和必备的优秀品格。

无论你所做的工作多么琐碎繁杂、多么枯燥寡味、多么不引人关注，都要尽到自己最大可能，让你所做的每一件事、每一项工作，都代表自己的最高水准，体现你的最好风格，真正经得起实践的检验。

用一流的标准做事，务必要有"满足不是标准、卓越才算合格"的崇高境界。一事到手，不干则已，干就干好，干出精品、干出成效、干出社会影响力，干出经济效益。这是崇高事业的要求，更是品质人生的保障。

四、标准溯源：思维定式的力量

思维定式是行为和态度的源头，10秒钟都会产生影响，更何况一生中的条件作用。这是温国辉为"天龙八步"建立标准的根源。

纵观古今中外，虚实空间，凡是谋划和策略，都是具有一定逻辑和规律的。一件事情发生，首先要追寻问题产生的缘起和经过，特别是背景和处境等。当全面掌握后，就可以设计出上、中、下三个计策来。最终选出最优方案，最优方案选出来，妙计也就诞生了。

据说，郑国人上山采玉，一定是坐在有司南的车上，其目的是为了寻找正确的方向。建立标准，要基于企业的发展目标，分析微观和宏观的市场环境，参考成功的做法，确保工作在有"司南"的指引下有效展开。

观念变，天地变；观念不变，原地转！曾经，卓银万家用益生菌、鱼蛋白等做功能性肥料，改变了所有人对于肥料的认知，令人脑洞大开。突破思维定式是卓银万家取得成功的一大法宝。

温国辉说：循规蹈矩会让人麻木不堪，出其不意才能出奇制胜。不能使人眼前一亮的创意是不具备竞争力的。当代人喜欢"新奇特"的产品，异想天开才能启人心智，茅塞顿开。你看"心想事成"这个词，"想"在"成"的前面，这已经非常明确地告诉你了思考的意义。只要你在企业运营的过程中，在做工作的时候，转变观念，追根溯源，勤于思考，有效借鉴，完善标准，不断精进，你必将无往不利，斩获成功。

卓银万家的成功得益于突破思维定式。毫无疑问，思路决定出路，思维决定作为。一颗普通的鸡蛋，从外部打开就是食品，而从内部打开，它将飞出一只鲜活的生命。

运营管理中的
"天龙八步"

建立标准
天龙物语

　　标准就是给目标标示出经度和纬度,以使目标精确化。只有像卓银万家一样,创建专业高效的标准化的体系,才能使农资连锁落地生根,才能加大企业的运营管理,帮助企业杀出重围,大展宏图,确保战略落地,实现企业快速发展。

STANDARD

第三章
利用方法
导读

一、剖析所处位置

二、打造文化

三、落地措施

四、演练演习

五、切实履行

六、庆祝每一个里程碑

七、方法溯源：常常回顾

第三章 利用方法

温国辉：成才凭方向，成功靠方法。做农资连锁事业必须深谙经营的法门，如今不是一个靠"神道"和"鬼道"吃饭的年代。必须经历一个蜕变的过程，创造有效的价值。"打蛇打七寸"，你不能"眉毛胡子一把抓"。大道至简，你必须知道走什么样的道适合你，哪些能简，哪些不能简。

一、剖析所处位置

温国辉说：企业要想做大，先搞清楚谁是你的客户，卓银万家的客户是庄稼。

纵观天下，传统经销商把农友、农资店老板看作上帝，因此，他们总是围绕农资产品价格、赊销、账期等去下功夫，甚至苦心钻研"酒水公关型销售"，以期拓展农资产品的经销渠道。结果是传统经销商与零售店都很难打开产品销路。许多农友因为购买了性价比不高的农资产品，导致作物收成提不上来，因此，逐渐放弃了经销商所推销的商品。这是一损俱损的结果。

卓银万家卖的不是过程，卓银万家卖的是结果。切记：世上没人愿意为花拳绣腿买单！

1

农资电商：风口尚未真正到来。

2015－2017年间，是农资电商非常火热的三年，业内外不少资本争先恐后，纷纷推出了多个农资电商平台。农一网、云农场、一亩田、田田圈等都是其中红极一时的代表。金正大投资20亿元，重磅打造"农商一号"，这些业界创新先锋，积极为农资互联网化探路。但三年时间过去，目前来看，绝大部分农资电商平台进展都未达到业界预期，仍在艰难探索成功之道。究其根源：农资电商的风口尚未真正到来。

何时能到？当网络数据或5G流量能像获取自来水一样方便、廉价，100元的流量可以使用一个月，可能就是农资电商的大发展之时了！那时候的农友就可以在田间随意用上高速网络，通过互联网进行问诊、学习，最终形成交易习惯。

当下，农友的知识结构和农资产品的技术属性，决定了其农资产品购买不可能像上网买衣服那样随意交易。农友需要充分了解产品方案、作物方案、使用技术等特性。因此，廉价高速的互联网，是实现以上内容的先决条件。

田田圈的经营，其主要电商店的业绩，都来源于传统的农资店。这个群体缺乏互联网的基因，传统农资店主要是靠赊销与客情为主，他们的技术服务意识相对淡薄，这很大程度上限制了互联网交易平台的落地。

"从来都是时势造英雄，而非英雄造时势"。农资电商"摸着石头过河"，可惜的是，现在连石头都没有找到。

借用互联网推广农资产品的方法，当下还不是最好的时机。但是，农资企业可以借用互联网的思维，提高企业的运营能力。

2

过犹不及：自我膨胀埋下祸根。

2011年，卓银万家在技术服务与销售体系上实现了重大突破，销售额首次突破2亿元大关。公司上至领导层，下至基层员工，全都处于一片欢腾之中。

在公司论功行赏的年会上，大家都欢欣鼓舞。领导的一次次嘉奖，掀起了一个又一个高潮，整个会场都沸腾了。

然而,"升米恩,斗米仇",公司领导层在浮夸的假象包围之下冲昏了头脑,使得行赏范围扩大化。片面放大了员工的功劳,没有及时正面指出问题并将其纠正,由此埋下了"隐形炸弹"。

员工激励,应以触动为原则,以看重为限。

3

人职匹配:德不配位,必遭其殃。

人才的培养,以德为先。勇于自我批评,方能明辨是非,方可包容分享。海纳百川,有容乃大,品格与格局是培养核心骨干的先决条件。

在被一群"伪善面目"的包围下,温国辉经历了沉痛的教训。在卓银万家,一个在创业初期一同打拼的"老革命",虽然是初中文化,但他凭借过人的聪明和坚定的执行力,从司机到业务经理,一路扶摇直上,最后成了公司的高管。他感觉到自己"稳坐龙椅",便私下发展"臣民",搞小集体、小帮派,大有"顺我者昌,逆我者亡"之意。

当时企业要想持续发展壮大,必须把个人精力投向更长远的产品研发,因此,温国辉将企业日常管理逐步放权给他。虽然所有具备高级素质的人才进入公司都等同于"抢饭碗",但此时高级人才储备是必不可少的。

公司的派系问题愈演愈烈。使得负责连锁培训体系的老教头受到无情排挤;财务总监被搬弄是非,因此灰心离去;西南省区"大将"的一个非原则问题被无限放大,一些员工便借势"逼宫";运营总监虽然有着超强的战斗力,以及系统的运营能力,但由于在工作中发生一些小问题，甚至在会上被点名批斗，最后导致其离开；人力总监给公司引入非常适用的新管理体系，包括至今也延续其精髓的成果，可是擅长销售的"掌门"，处处给她设难题、拖后腿，导致人力管理体系运营层面举步维艰；一些企业管理人才，都因被穿无数次"小鞋"，在公司的职业生涯也是"含恨而终"。卓银的发展，被无情地耽误了。

"首恶不除，滋生众恶"，温国辉痛定思痛，挥泪铲除"首恶分子"，坚决拔出第一大"毒瘤"，由此卓银万家得以焕发"第二春"。

4

企业精神：利益共同，利尽人散；命运共同，同舟共济。

温国辉总结说：一个失败的企业或团队，多是以利相交，为钱而钱，缺乏思想、价值、灵魂的塑造和高度协调，内部极易滋生急功近利、见利忘义的思想。但是一个健康、常青的团队，必然是命运共同体。譬如华为、阿里巴巴等，无不是如此。因为他们有思想、有价值、知感恩、懂敬畏，员工们命运相连，唇齿相依。

二、打造文化

农资企业必须找准切实可行的方法来打造优秀的企业文化。

企业文化的建设是一项复杂的系统工作，涉及企业的方方面面。任何企业都需要工作有笑脸、执行有效率的员工。企业的凝聚力决定了企业的竞争力。只有文化力强的企业，凝聚力才会强。

企业需要以文化凝聚人心，从而提高企业的核心竞争能力。所以企业需要做好文化的塑造工作。企业需要协调好内部人际关系，制定企业及员工的行为规范，引导企业向发展目标冲刺，最终以文化制胜，人才制胜，综合实力制胜，决胜于农资市场。

企业文化如果不通过构建，放任自流地表达，企业的文化就是悲哀的"老板文化"。而这其中最为可怕的是，很多员工会犯"盲人摸象"的毛病，他们会相信自己看到的、理解的，从而产生误判。解决这个问题，就需要基于企业老板的意志，精心设计具有感召能量的企业文化。企业在构建企业文化时，要真正明白它的重要价值。企业需要建设完善的制度，认真贯彻与推行，使企业内部充满职业化的文化氛围。

企业文化导向下的人力资源管控，会使公司人力资源管控更加有效果，二者是一个互相促进的管理流程。卓越的企业精神，良好的工作氛围，以及优质的产品和专业的服务，对企业员工起着潜移默化的影响。另外，在企业人力资源调配、考核等方面，培养员工理解企业精神，助力企业精神，有利于打造一个高绩效的团队，从而推进企业更好地发展。

文化可以以非暴力的方式改变，任何企业或组织都不应该对它有所忽视。

1

企业文化要与行业特点以及企业经营特点相协调。

从体制上讲，目前的农资流通体制是由计划经济向市场经济变革过程中，打破由基层国营统购统销模式，转向由其职工和一部分农业技术人员分散个体经营户为主的，无序竞争分销网络格局。

从营销方式上讲，农资市场和其他工业品、消费品市场不同，本身具有独特的五大特性，即购买单位的分散性、购买过程的季节性、差异明显的地域性、价格受农产品价格跌涨影响的抑扬性、供需信息发布接受的不对称性。农民作为其主要消费对象，选购过程当中的跟随性、随意性和价格最低原则等购买特点亦是相当突出。

农资行业与快消品行业追求"既得利益"不同。农资行业，尤其以卓银万家主导的技术与服务为宗旨的连锁农资体系，更注重的则是公司与员工之间、合作伙伴与农友之间的附加增长价值。

卓银万家定期开展员工与合作伙伴专业素质培训、国内外游学提升等活动。公司注重人才的培养、员工职业素质的持续提高，主导与合作伙伴之间"鱼水情"，致力于帮助农友打造"三高"农业，从以前"烟搭桥、酒铺路"一心只为卖产品的"酒水文化"，到与门店分析行业趋势、给农户讲解决方案、原理的思维转变，真正做到"从培训室里来,到田间地头去"。这正是卓银万家从代理销售到研产销一体化、从区域品牌向全国品牌迈进的坚实基础。

只有你把你的思想放进客户的脑袋,你的手才有资格伸进他们的口袋,把他们口袋里的钱掏出来,放进你的腰包里。

2

建立企业的管理体制行为规范。

完善制度,规范管理。企业文化的一个重要组成部分就是企业制度文化。企业规范和企业经营体制影响和制约着企业文化进步的总趋势,同时也促使不同企业的企业文化朝着个性化的方向发展。因此,真正制约和影响企业文化差别性的因素,就是企业内部的管理体制。

企业制度是企业文化的集中表现,员工做什么、怎么做,在企业的制度中都应有明确的规定。可以说,企业文化建设的流程,也是企业制度完善规范、落实的流程;企业制度落实的流程,也就是企业文化建设的流程。

所以,在创造企业文化时,必须按照企业文化的内核,建立、健全、完善必要的规章制度,使员工既有价值观的导向,又有制度化的约束。企业要想大展宏图,基业长青,就必须用好企业内部的组织机构和内控机制,建立和形成文化建设所必备的组织体系。

"分清想与该,价钱任你开"。企业必须建立相应的规范。永远不是员工想做什么就做什么,而是该做什么才做什么。

3

树立员工榜样，充分发挥正能量。

发挥榜样的作用是改造企业文化的一种重要而有效的方式。在具有优秀企业文化的企业中，最受人尊敬的是那些集中体现了企业价值观的模范人物。这些模范人物使企业的价值观"人格化"。他们是企业员工学习的楷模，他们的行为常常是企业员工作为学习的行为规范。他们的言行是公司文化的具体表现。没有典型人物的企业文化是不完善的文化，是难以传播和扩散的文化。榜样的力量是无穷无尽的，企业必须深谙"树立榜样，典型引导"的功夫。

温国辉说：树立典型的目的是要推广典型，组织学习典型。在树立典型过程中，要把典型的选树工作与企业文化建设、员工思想理念的转化结合起来，通过典型的宣传使企业文化人格化、典型化；通过典型的培养、选择、宣传和示范，让职工看到企业倡导什么、强调什么、追求什么……从而形成学习先进、积极向上的良好氛围。

一颗普通的鸡蛋，从外部打开，它就是食材，而从内部打开，它将飞出一只鲜活的生命。

4

卓银万家光荣榜。

卓银万家成立20多年来，大浪淘沙，经历了多次人才更新换代。现如今，依然不乏有与公司一同成长，经历风雨的老员工。

他们坚守在各自的工作岗位上，为卓银事业大刀阔斧，兢兢业业，发光发热。

曹承飞、黄瑞和、叶丽芳就是这些老员工中三位杰出的代表。他们自2003年先后加入卓银万家大家庭，10多年来埋头苦干，脚踏实地，任劳任怨。

叶丽芳说："作为一个在卓银服务年限最长的'老人'，之所以选择卓银，除了因为有一份较好的收入和良好的企业氛围以外，更为重要的是卓银的使命和担当，以及大家庭的友爱和包容。"

黄瑞和十年如一日、任劳任怨，既要管好公司账务，又要兼顾协调好诸多社会事务。

曹承飞从最初的市场业务员做起，当过公司的采购经理，现如今的职务是清远分公司总经理。他说："选对老板事业一生，跟着温总干，有前途。"

他们这一路走来，经历了太多公司的动荡、外界的诱惑，他们矢志不渝，同时也见证了公司的发展和壮大。他们是卓银万家人的文化缩影，他们以自己的人格魅力和工作激情为卓银万家代言。他们是全体卓银人学习的楷模和典范。

榜样的力量是无穷无尽的。榜样是火种，可以燎原；榜样是启明星，可以感召伙伴们一同照亮夜空。

三、落地措施

温国辉说：措施要落到实处，才能确保企业的运营优势。正所谓：措施落了地，才能变成生产力！

1

为什么绝大多数人搞农资连锁，没有卓银万家成功？

（1）管理粗放

从根本上看现存的配送服务店大多设施简陋、管理粗放、交易形式落后，没有一套完整的综合管理措施。

温国辉说：选择是经营的第一智慧，"选对池塘钓大鱼"，要知道：恐龙蛋化石是孵化不出恐龙的。

（2）盲目发展

当下存在很多配送服务店只顾盲目扩张规模、赚取利润，却忽略了管理、供货、价钱、安全、标准、技术、服务等诸多关键因素，失去了竞争的优势，以致商誉不高，发展困难，裹足不前。

温国辉说：鞭子虽长，也不能打马肚子。强弩再强，射程的尽头也终将失去力量。要想做好农资连锁，必须集中优势资源攻坚克难。

（3）形象混乱

多数配送服务店仅只有店名、店貌，而没有统一采购配送、统一商品牌价和服务规范等，更别说安检的标准、综合竞争力了。徒有虚名，花拳绣腿，终极效益很难实现。

温国辉说：配送经营要获得成功，务必要践行"五统一"，即统一采购配送、统一经营管理、统一财务、统一质量标准、统一服务规范。只有这样，才能彰显价值，获得成功。

（4）资源匮缺

没有先进的经营管理模式和技术等硬性能力，没有一支懂经营、会管理的中高级人才队伍，没有一定的经营资源，没有一定的货源……这些资源的匮乏会严重影响配送经营的发展。

温国辉说：资源本身不创造价值，只有利用资源才能创造价值。做农资连锁必须懂得"人马未动，草料先行"，夯实基础非常重要，基础不牢，自然地动山摇。

（5）人才匮缺

从目前的情形看，农资连锁的发展尚未进入成熟期，还在导入期探路。具备专业素质及能力的人才十分匮缺。这个流程复杂烦琐，而又高度关注安全的行业，因为人才的稀缺，导致企业运营管理上的艰难。

温国辉说：企业的"企"字，上边一个"人"，下边一个"止"，就是告诫我们，一个企业没有优秀的人才，终有一日，必将停止。要想大展宏图，基业长青，必须高度关注人才队伍建设。

2

四大合作模式灵活实效。

目前，卓银万家的连锁方式，有如下四种，只是企业在经营的过程中，在不同的发展阶段，会有不同的侧重。

(1) 直营连锁

直营连锁是指加盟连锁企业的店铺均由卓银万家企业总部全资或控股开设，在总部的直接管控下统一经营。卓银万家总部筹集足够的资金，配备相应的管理成员工作人员，为加盟者正常经营提供强大的后台支撑。

(2) 自愿连锁

经过签订协议，卓银万家授权加盟门店使用总部的商标、CIS 识别系统、供货系统、专业技术等，总部还会联手各加盟分店施行广告宣传。加盟者自己来运营服务店，涵盖日常管理、财务预算与支出、员工管理等内容。

(3) 输出管理型加盟

输出管理型加盟是指卓银万家将自己所拥有的商标、产品、证书、经营风格和运作模式等以合约的形式授权加盟者使用。加盟者按合约规定，在卓银万家规定统一的业务模式下从事经营活动。加盟者是独立的企业法人，卓银万家无权干涉各个加盟店的人事和财务关系，卓银万家有权取舍加盟者，不为加盟者提供资金，但向加盟者提供培训和服务。

(4) 其他协商形式

卓银万家可以依据加盟者的意愿或是要求，签订双边协议，通过谈判来表决以上三种外的其他形式施行合作。目前，卓银万家在连锁模式上，仍然在进行积极的探索。

3

卓银万家八大优势确保加盟成功。

（1）专业系统化管理

卓银万家从客户管理软件、订单管理软件、质检管理系统软件到员工管理、企业形象管理、运作流程管理等都有一套完整的系统化管理运作手册，保障企业正常化运转，增长管理效率。

（2）强大品牌支撑

卓银万家通过多年的运营实践，积累了大量的品牌资产。强大的市场号召力，使加盟者无需再经历创建品牌的过程。总部为加盟者免费提供品牌的使用权，免费提供成套 CI、授权书、招贴、灯箱以及经营所需要的所有证明文件。

（3）合作利益保障

卓银万家会给加盟者划定一定的"领地"，保障加盟者的经营利益。只要通过卓银万家的考察并达成合作，在加盟者遵守契约的前提下，卓银万家在经营者的"势力范围"内不会再导入第二家。

（4）强大实力保障

卓银万家业已成为国内同行业规模最大的专业化农资连锁企业。无论是思想、品牌、资金、货源、物流、技术、服务、人才，都能保障加盟者的合作利益。

（5）系统化专业培训

卓银万家拥有多年农资市场连锁经验，深知市场操作的重点和要点。以实战实效的培训，全方位提升门店的经营能力和盈利能力。除采取多种培训方式外，还为加盟门店提供专业知识手册、服务技法手册、门店管理手册等。可以使加盟者有效快速地投入到经营中去。

(6) 全程跟踪，安全有保障

卓银万家是一家高度负责任的公司。对加盟者采取全程跟踪指导、定期回拜、施行专业诊断、业绩评估、咨询服务。确保加盟者的问题得到及时发现和解决，促使加盟门店迅猛发展。

(7) 协同开疆拓土，提高市场占有率

卓银万家会对市场进行专业分析，集中优势资源，协同加盟者实现低成本快速扩张，做到跨地区发展，帮助加盟者通过规模经营，提高经营效益和盈利能力。

(8) 快速提供资讯，组织学习交流

卓银万家会将掌握的行业信息及时有效地传递给加盟者。同时还会组织沙龙分享会、学习交流会、游学参观会、出国考察会等，开阔加盟者的眼界，提升加盟者的境界，提高加盟者触变、应变、用变的能力。

四、演练演习

温国辉说：只有做好演练演戏，才能在实际操作中游刃有余。

1

演练工具一：swot 分析法

Strengths: 优势　　Weaknesses: 劣势
Opportunities: 机会　　Threats：威胁

优势	劣势
研产销、23 年农资服务经验	全国知名度不够 人才缺乏

机会	威胁
5G 即将来临 新零售窗口期	配送、各省村文化不一（语言、人文）

卓银万家在企业发展的各个阶段，都会利用SWOT工具进行战略分析，对企业的优势劣势机会风险进行全面的梳理。从而，清晰地把握行业机遇，推动企业健康发展。

温国辉说：所有的成功都是优势的发挥，所有的失败都源于劣势的累积。市场上的机会多，威胁也不少。"知人者智，自知者明"。要想大展宏图、基业长青，必须不断寻找企业崭新的坐标。

2

演练工具二：PDCA循环规则

Plan: 制定目标与计划。

Do: 任务开展，组织实施。

Check: 对过程中的关键点和最终结果进行检查。

Action: 纠正偏差，对成果进行标准化，并确定新的目标，制订下一轮计划。

PDCA循环规则，常年在温国辉的脑海中转动。他经常会问公司的管理者：有目标计划吗？任务是如何开展的，进展得如何？你知道关键点是什么，检查的到位吗？出现问题是否纠偏了？目标有没有变化，实现结果的新一轮计划是什么？这个法则帮助他和团队成员进行不断的思考和精进。

2011年，卓银万家针对黄龙病，全面启动了"救树计划"，起初进展十分顺利，短短一年的时间，取得了不错的收效。但是次年情况发生了变化。

温国辉借用PDCA法的检查和纠偏，及时把"救树计划"改变成了"保树计划"。做法是将疑似黄龙病树坚决铲除。

温国辉说：我们做不成"救世主"，也绝不做"假好人"。农友是用来爱的，客户是用来帮的。我们仁义行天下，就可以像三国里的刘备一样，三分天下收其一。

卓银万家务实严谨的态度，赢得了客户与用户的爱戴，实现了企业的飞跃与发展。

PDCA 循环规则是一个不错的工作方法。而温国辉独创的"天龙八步"更是对 PDCA 的完善和补充。正所谓"青出于蓝，而胜于蓝"。

3

演练工具三：6W2H 法

What: 工作的内容和达成的目标是什么。

Why: 为什么要做这项工作。

Who: 谁来做，谁来负责。

When: 什么时间开始做，什么时间完成。

Where: 工作发生的地点在哪儿。

Which: 有几种方法或途径，哪种方法或途径更可取。

How: 工作怎么开展。

How much: 需要以什么为代价，付出怎样的成本。

2013 年，卓银万家在经费相对有限的情况下，组织了广东合作伙伴与员工近 500 人到青岛游学。

10 台大巴浩浩荡荡地从广东出发。一路北上，行程近万里。

这次活动，他们先后游览了南昌八一广场、南京大屠杀纪念馆、连云港博物馆等历史文化纪念景点。到达青岛后，参观考察了卓银万家的ＯＥＭ生产基地。

这次游学活动十分成功。开阔了参与者的眼界，提升了参与者的境界。旅途中，大家相互交流、共同探讨农资经营经验。当沿途的奇山异景尽收眼底时，参与者更是显得相当的兴奋。参观红色题材的景点，亦都受到了不小的教育。直抵灵魂深处的震撼，坚定了大家"不忘历史，牢记使命"的想法，锻造了农资人的德行。活动结束后，大家纷纷表示收获颇丰。

这次活动的举办，温国辉就是组织公司人员利用6W2H法，通过周密的安排实现成功的。温国辉说：工具是用来用的，不是用来背的！

4

演练工具四：时间管理 重要与紧急

（1）重要且紧急的事情放在第一位

放在第一位的事情通常包括：紧急状况，迫切的问题，限期完成的工作，你不做其他人也不做的事情。

（2）重要不紧急的事情放在第二位

这类工作通常包括企业培训、产品研产销、作物、客户、员工定位、基地建设等。准备工作，预防措施，价值观的澄清，计划，人际关系的建立等概属此列。

（3）紧急不重要的事情放在第三位

造成干扰的事、电话、信件、报告、会议，许多迫在眉睫却不重要的急事，符合别人期望但与你关系不大的事情皆在其中。

（4）不重要不紧急的事情放在最后一位

狐朋狗友的聚会，逃避的琐事，忙碌无价值的事，广告函件，骚扰电话，逃避性活动等统统包含在内。

我们每天都面临着多项工作。说白了，有很多事情要做。那么多事情你怎么做得过来？所以，你一定要分清轻重缓急。哪些事情先做，哪些事情后做，你可以通过重要和紧急两个维度，对工作事项进行合理排序。这样你就不会眉毛胡子一把抓，乱成一团糟了。

卓银万家之所以能够成为行业的黑马，快速发展，跟卓银万家人的时间管理不无关系。"一寸光阴一寸金，寸金难买寸光阴"。温国辉说：人生短暂，不能蛮干。管理好时间，你的世界才有艳阳天。

5

演练工具五：二八原则

巴列特定律：总结果的 80% 是由总消耗时间中的 20% 所形成的。

温国辉说：基于二八原则，你必须知道你的工作重心在哪里。因为 80% 销售额源自 20% 的门店，所以你必须慎重处理同这些门店之间的关系。因为 80% 的销量源自 20% 的产品，所以，打造爆品非常重要。二八原则，说到底是要引导我们去通过聚焦发展企业。

五、切实履行

温国辉说：只有脚踏实地，做事一步一个脚印，才有资格摘取成功的桂冠、胜利的果实。

1

坚定你的信念。

卓银万家自2005年开始，出于对社会的高度责任感，在粤北地区出资开设贫困学生中职培训班，资助一个班的贫困学生，帮助他们顺利完成学业。

雷鸣、邵志河、吴秀娟等多位学员都是被资助的对象。他们毕业后纷纷加入了卓银大家庭。如今，经过历练，他们已经从初出茅庐不谙世事的毛头小子毛头丫头，成长为了资深农资人。

这些年轻人从贫瘠、落后的山区里走来，凭借着提高家人生活质量的初心，改变家乡现状的情怀，毅然投身到新型农业事业中来。奋斗中，他们也曾出现过迷茫、也曾出现过摇摆，但他们始终没有动摇的是信念。最终他们仍然选择与卓银并肩奋战、共同发展，实现初衷，实现人生不朽的诺言。

如今他们活跃在公司各个重要岗位上，并实现了人生的"九子登科"，即：有了圈子、拥有位子、娶得妻子、喜得贵子、买了房子、开上车子、数着票子、戴上金子、孝敬老子……

他们发自内心地认为在卓银万家工作特别有面子。这个世上，找工作不难，但找到好工作不容易。他们为能进入卓银万家而庆幸。在卓银万家，他们通过努力实现了人生的理想，赢得了人生的尊严。

卓银万家人有信念，没有信念就没有员工的前途，就没有行业的典范！

2

缺乏系统调研必然吃大亏。

2012—2013年间，卓银万家为了加速市场开拓，在自主开发市场的同时，也快速采取并购的方式，由当时的执行董事负责此事。

在粤西地区有两个市场，应该说前景比较可观。但是由于卓银在此处的基础比较薄弱，加上领导层急于求成，未能经过充分客观的系统调研，便在当地匆匆开展了并购行动。直到深入了解这两个市场后，才意识到原有客户的问题。他们观念陈旧、思想老化，同时存在商品积压、财务紧张等系列问题。在并购盘点库存时，甚至存在十年前的老库存。

然而，项目已经上马了，卓银被迫从本部抽取精兵良将，企图盘活这两个市场。可是当地市场老管理团队的老思想根深蒂固，不习惯服务，对于初次打交道的潜在客户，大多摆出一副傲慢的架势，完全没有主动挖掘客户需求的意识。他们习惯赊销，通过做简单的客情关系来悠闲度日。

对于这些市场的老管理团队，学习和改变无疑是痛苦的。他们无法意识到自身的毛病，导致市场虽然并购下来了，但是工作难以展开，销量上不去，更别谈公司利润了。

卓银万家事后总结。第一，"工欲善其事，必先利其器"，开拓市场必须建立一套切实可行的标准；第二，"没有调研就没有发言权"，必须深入实地调研考察，缺乏系统调研，必然吃大亏；第三，"基础不牢，地动山摇"，基础工作非常重要；第四，工作心态上，事再急，人不能急，"欲速则不达"；第五，"道不同不以为谋"，选择志同道合的伙伴非常重要；第六，无论做任何工作，必须强调方法的重要性；第七，当断则断，倘若不断，其乱自现。

3

高度统一的价值观是合作共赢的先决条件。

舒服的"舒"字，左边一个"舍"，右边一个"予"，这是说，一个人舍得给予才能舒服，即"大舍才有大得"。许多人都把这个观点当作高大上的说辞，并没有深邃的领悟与践行。

在农资市场，有一些参与连锁的老团队和传统批发商类似，他们通过销售产品赚取差价，喜欢谈吃喝、谈赊销支持、谈优惠政策，喜欢利润最大化。这种老思维已经跟不上时代的发展了。

给予没问题，问题是给予什么？营销是不断发现需求，并且满足需求的过程。你必须找到客户的真实需求。"跳出问题看问题，跳出现象看本质"。

卓银万家二十余年的经验和教训，使企业更加坚信，提供价值，服务作物，提供优质方案，输出科学管理，才是连锁店开疆拓土成功制胜的关键。

温国辉说：作物有效益，农资企业才能生存，作物高效益，农资企业才能极速发展。

"不是一家人，不进一家门"，温国辉深刻地认识道，任何人要想与卓银万家合作，就必须要有高度一致的价值观，这样才能实现多赢共好。

因此，无论是在选择合作平台、服务店还是服务代表的时候，温国辉都十分重视这些人的作物意识和服务意识，这成了能否合作的先决条件，也是卓银万家能深受信赖的奥秘所在。

4

绝不能在同一坑里摔倒两次。

经验来源于经历，经历粤西兵败后，温国辉做出了深刻反思。他要求参与人员全面总结，督促领导层再也不能草率行事，必须以标准化的方式，进行实地系统化的调研，确保万无一失。不亏就是赚，没有把握的事情坚决不做！

世上，没有没教过学费的老板或者企业，企业可以试错，但是不能一错再错。有了前车之鉴，卓银万家在接下来的并购中非常谨慎。在随后与广东某省级平台谈判并购时，工作人员提前就对其进行了深入充分的调研，当发现该平台存在严重问题之后，领导层及时否定了并购方案，从决策上果断利索地退了出去，避免了卓银万家再次遭受巨大损失。

六、庆祝每一个里程碑

温国辉说：想出新办法的人，在他的办法没行得通以前，人们总说他是异想天开。卓银的每一个成功，开始的时候总会被质疑。

1

未来已来——"卓银"敢为人先。

在我国农资经营发展的不同阶段，温国辉始终秉持"敢为人先，创新进取"的精神，立足当下，放眼未来，牢牢把握新机遇，快速应对"新变化"，顺应不同阶段的趋势，实事求是地寻求并有力践行发展"新模式"，为卓银农资连锁的发展开辟"新道路"，与时俱进地寻求快速发展之道。经过多年的探索与实践，到目前，卓银农资连锁已经进入发展快车道。

卓银在自身发展不断跨越新台阶的同时，不断建立起行业"新标准"，践行行业"新模式"，优化行业"新环境"。与此同时，吸引越来越多的有志之士加入卓银农资连锁的"新大陆"，不断将自身的发展基因嫁接到下游的合作伙伴，帮助他们成就"财富与事业新梦想"，推动我国农业"新发展"。

2

卓银发展第一阶段——农资连锁经营领域的基础夯实。

1995—2016 年的 22 年间，为适应农资经营发展的新趋势，卓银万家在完成良好经营业绩的同时，通过两步走战略，实现了农资经营从传统模式向连锁模式的转变，并实现了巨大的成功。

重要的第一步：1995—2012 年，卓银万家紧跟行业发展趋势，通过传统的农资销售技法，建立起了宝贵的市场基础，取得了良好的业绩表现，建立了"江湖地位"，奠定了连锁的基础，储备了腾飞的能量。

关键的第二步：2012—2016 年，卓银万家不断梳理发展思路，聚焦业务定位，经过 5 年的运营实践，确定了"针对柑橘为主、其他果蔬为辅，为其提供'营养＋杀虫＋防病'的'营养提供＋杀虫防病'的作物医院"的清晰定位。通过自身的连锁服务体系的建设，树立起了在粤北地区农资连锁的领导地位。实现了覆盖清远、韶关地区 80 多个乡镇，建成 600 多个分销网点、200 多家连锁门店，基本实现两个地区"一镇一店"的市场目标，实现年销售额 2.2 亿元的业绩目标。同时，在该过程中，卓银农资连锁的发展新模式也在不断地孕育而出。

3

卓银"二次创业":"卓银万家"品牌的全面快速建立与输出。

经过第一阶段对农资连锁模式的探索践行,并完成了既定的市场目标与业绩目标,为捍卫胜利果实,并取得企业发展的突飞猛进。温国辉决定以"卓银万家"作为鲜明旗帜,全面启动卓银品牌形象的升级计划。

至此,卓银万家对内强化凝聚力战斗力,对外一方面强化横向资源的整合力,另一方面强化对下游门店加盟及农户的品牌输出,增强吸引力,快速提升"卓银万家"的品牌影响力。对内,实现卓银系统化建设,夯实业绩目标的实现基础;对外,以诚相待,增强互信,实现与各方的合作目标。卓银万家真正搭建起了强有力的农资连锁创富平台。

卓银万家在企业运营实践中建立起了农资领域的"新标准",

有力推动了农资行业与农业的"新发展",实现了经济效益与社会效益的齐头并进。

在卓银的"二次创业"过程中,基于战略目标,公司建立起了"六位一体"的六大举措。六大举措是卓银万家发展史上重要的"里程碑"。

4

里程碑一:**优化卓银农资连锁的业务定位。**

从之前"针对柑橘为主、其他果蔬为辅,为其提供'营养+杀虫+防病'的'营养提供+杀虫防病'的作物医院"的定位,过渡到"围绕以果蔬为主的经济作物,为其提供'全程一站式作物解决方案'服务,同时配套'种子+农机+金融服务'综合增值服务"的定位,确保圈内圈外对"卓银万家"品牌清晰全面的认知。

5

里程碑二:**全面启动"卓银万家"品牌形象升级计划。**

卓银万家请欧洲顶尖品牌设计师打造全新"卓银万家"品牌LOGO。通过LOGO升级,围绕公司"二次创业",品牌建设全面升级。同时,采取"传统媒体与新媒体相结合、线上传播与线下传播相结合"的全方位立体化海陆空传播策略,全面启动"卓银万家"品牌的落地计划,扩大其在圈内圈外的知名度,系统化提升品牌的美誉度和影响力。

6

里程碑三：卓银连锁体系的优化落地。

基于新的业务定位，卓银万家明确了"研产销一体化"的战略举措，向上打通科研环节，向下确保专业实力服务能力，全面提升卓银万家对门店及农户的农技服务水平。围绕产品，全部实现品牌自主化，大幅度提升卓银对终端农户的品牌牵引力。

7

里程碑四："创新进取"的创客文化的孕育与践行。

对于内部，一方面，随着连锁门店的扩张，根据需要，在各区域成立分子公司，经营权交由优秀业务经理负责，并采取有力的激励机制，以最大限度激发内部活力与积极性。另一方面，鼓励内部优秀员工成为卓银农资连锁的加盟方,公司从资本方面给予有力支持。

对于外部,一方面,卓银有力发挥"创业孵化平台"的作用,向其输出全方位的"卓银万家"连锁服务体系。另一方面,"卓银万家",通过"市级总代 + 乡镇 / 村级品牌店"的运作模式,帮助其轻松实现在农资领域的创业梦想与财富梦想。

8

里程碑五:搭建启动利益共享平台。

2017 年开始,卓银万家针对当地种植户、种植能手、行业从业人员、中小加盟店主、社会需求人员及投资机构共释放 10% 的股权,向他们提供创业平台和多个供农友共享服务的交流平台。

9

里程碑六:南北双中心运作全国市场。

卓银万家将实现"以广州为中心的华南区域及周边省份 + 以北京为中心的华北区域及周边省份"的市场覆盖。计划至 2022 年,实现"1200 家乡镇品牌店 +300 家村级标准店"的市场覆盖目标。

通过以上"六位一体"的战略举措,至 2022 年将实现年销售额 12 亿的业绩目标,全力向主板资本市场冲刺。将"卓银万家"真正打造成为"中国农资连锁领导品牌",确保行业领先的优势地位。

七、方法溯源：常常回顾

温国辉说：惯偷起于小偷的成功，诚信源自于小时候的一件信用破产事件。

卓银万家的诚信度在业内有口皆碑。温国辉说这来源于他年轻时的一起信用破产事件。

那年，他19岁。开水果店卖水果。起初生意经营得不错。但有一次，他在给客人挑水果时，把烂水果埋在好的水果中间卖给了一位熟客。他装了烂水果之后心里惶恐，非常忐忑，而这个熟客在那次以后，再也没有光顾他的水果店。

这件事，他深感自责。温国辉说欺骗人的感觉不好受。后来，他常常对员工说起这件事，以亲身经历告诫员工："好事不出门，坏事传千里"，做事要对得起自己的良心。一次诚信的丧失，丢

掉的远远不止是一个顾客,很可能还会失去他背后的一连串的顾客,并且失去自己在别人心目中的分量,建成失信的品牌。

19岁以后,温国辉再也没有做过失信于人的事情。面对目标,他提倡正念、正缘、正言、正行、正果。他说,要想取得事业的成功,你的方法应该合情合理合法合乎逻辑!

利用方法
天龙物语

方法就是战术、绝招,是通过各种算法得出的解决问题的捷径。常言道:"只要思想不滑坡,方法总比问题多。"闻道有先后,术业有专攻。与其闭门造车,想破头颅,不如愉快地把本章的知识应用于企业运营管理的实践中去,实现目标,收获成功。

第四章
组织培训
导读

一、迭代培训方式

二、以身作则

三、听、看、读、写、练、践

四、以老带新，以上带下

五、企业培训的三大法宝

六、360 度回顾

七、变革

八、培训溯源：成长和改变的原则

第四章 组织培训
CHAPTER 4

温国辉：当下的农资企业能说出培训二字的人司空见惯，而真正会培训的企业却微乎其微。培训必须要有针对性，才能达成有效性。你必须知道培训的对象是谁，他们有什么样的特点和需求，然后站在公司的立场，研发行之有效的培训课程，并组织实施。培训要教授利润，而不是库存。天使出于细节，培训的价值产生在培训全流程的环节和细节中，而且从未改变。

一、迭代培训方式

温国辉说：培训分为外训和内训。外训可以开阔眼界、提升境界、塑造专业；内训更能解决实际问题。企业要发展，必须夯实基础，修炼内功。

1

有效讲解，告别乏味。

毫无疑问，讲解是企业内训中最基本最常见的表现形式。温国辉说：有效的培训不应该是听"老和尚念经"，应该是讲解的少，互动的多，解决实际问题。讲解多，很难确保员工对于授课内容有效地理解和记忆。泛泛地讲，也会使培训显得枯燥乏味。

当然，无论哪种类型的培训，讲解是必定会被采用的方式之一。要想培训达成预期的效果，就必须控制讲解的比重、内容、时间和节奏。培训有了针对性，才能达成有效性。为此，要分清培训的类别和找到员工更容易接受的培训方式，从而保障培训的效果。

为了杜绝讲解的乏味，讲解的时候，语言尽量要生动有趣。比如说，老师发问："成功的男人哪里大？哪里粗？哪里硬啊？"正当大家异想天开的时候，老师给出了正确的答案"财大、气粗、关系硬！"这就会让学员记忆深刻。当然，炒菜放盐调味是对的，你炒盐放菜就本末倒置了！

2

小组研讨，集思广益。

小组研讨可以归属培训中集体互动的一种形式。小组商议更能带动员工思考，使每位员工都能积极参与到培训的课题中来。

该方式一般采取设定一个商议的题目，比如，如何快速拓展市场，如何创新管理，如何组织更有效力的培训等。通过分组建团，公布规则；针对议题，分组研讨；限定时间，分享成果；老师剖析，即时总结等培训流程，确保集思广益，达成培训目标。

此外，企业还可以组织"读书分享会"，在分享会上，每位员工将自己的学习心得与工作进行有机结合。分享会的组织者组织提炼对公司发展有益的成果，变成公司的创新。

"读书分享会"创造了一个学习思考的环境，既有利于在交流中借鉴别人的学习成果，也有利于分享自己的心得，表达自己的主张。"碰撞产生灵感"，这非常有利于企业学习文化的构建，以及在轻松的氛围下拿到组织的创新成果。

你拿一个苹果与别人换一个苹果，你有的还是一个苹果。你拿一种思想与别人交换一种思想，你所拥有的可能不只是两种思想。

3

利用互动，并行反思。

企业内部培训和举办公开课不同。企业培训必须解决实际问题。企业的讲台不是老师展现自我的舞台。培训不是老师的"脱口秀节目"。因此，检查培训效果不是看老师的口才怎么样，而是要看解决了多少个实际问题。

在培训的过程中，必须进行有效的互动。老师要通过提问提高学员的注意力，要通过互动了解学员知识的掌握情况，从而提升培训的效果。

培训者依据培训的课题，设计几个重要的问题进行提问。提问时，可以采取员工自主应答的形式，也可以点名。通常来讲，自主应答的响应不够热烈时，就有必要采取指定提问的形式。一般来说，自主应答气氛强烈，表明员工的参与度较高。随机提问也会让员工的注意力更加集中。有时随机应答也有针对性，只是在设计的过程需要老师的语言更加巧妙，不能在会场上树敌或者创造不和谐的气氛。

教学相长，提问也是培训者就某个观点不能确认时采取的较为妥当的方法，经过提问互动，既可开启员工的思维，也可以拓展培训者的思维，最终得出更为合理的结论。

学习应该具有目的性，学员在学习的过程中，需要时刻问自己三个问题：第一个，老师讲解的是什么意思？第二个，我学到了什么，我过去是怎么做的？第三个，在今后的工作中我将如何改进？

知识永远不是知识本身，而是"三知三识"。"知"是知行、知退、知止；"识"是学识、胆识、见识。

4

借用录像，自我纠偏。

纵观天下，企业员工缺少的不是学习而是练习和应用，知识不用到实践中就等于白学。所以温国辉号召全行业，必须"在战斗中，学习战斗"。

举个例子：员工对于自己的演讲能力，通常都有认知片面的情况。从 2015 年 11 月开始，卓银万家在培训员工演讲时，都会安排专人对其演讲过程进行录像和记录。

待演讲完毕后，通过观看录像和记录，检查各自的不足。比如肢体语言、语速、声音大小、口头禅等。员工通过录像回放的方式，可以清楚地发现自己的不足。演讲过程，就像照镜子一样，暴露无遗。这种自我纠偏的方式，对员工能力的提高帮助很大。

5

案例教学，事半功倍。

企业需要擅长利用案例进行教学。MBA 教学的主要授课形式也是案例教学。因为案例往往是工作事件的典型化处理，指向性更强，通过剖析、总结、展望，学员可以提出个人的见解，从而拓宽思路，并且可以汇总观点，更利于学员得到实质性的收获。

温国辉说：卓银万家的培训实践证明，案例教学对于员工的成长和拓宽思路都是十分有利的。使员工设身处地地去思考，跳出原有的思维逻辑，更有利于提升解决实际问题的能力。我们公司的案例教学通常采用小组研讨和讲授提问的形式展开。为了解决实际问题，案例教学应尽可能多地分享公司的案例。毫无疑问，利用案例可以提高全员的战斗力。

二、以身作则

温国辉：不会培训的领导不是好领导，不会训练的士兵不是好士兵。

1

看温国辉如何训导员工：

这天，晚九点，在清远锦江饭店的会议室里，温国辉和几位中高层干部围坐在茶几旁，一位负责招聘的干部在白板前讲述招聘员工的方法。他遵照的方法恰恰是"天龙八步"的方法。

招聘主管一边描绘，温国辉一边纠偏引导。招聘主管开始有些紧张，偶尔蒙圈，不知所措。过了两个小时，他终于能量爆发，变得思维敏捷，逻辑清晰，言之有物。

温国辉这一堂对中高层的启迪培训课一直延续到凌晨五点。最后，关于招聘的"天龙八步"便被清晰地总结出来。

翌日，温国辉在卓银万家办公大楼向作者分享了他对员工的培训心得。

温国辉说：对于一名刚刚进入卓银万家的新员工来讲，入职之初的培训是其在卓银万家职业生涯的起点，非常的重要。

在培训过程中，新员工需要变更之前在其他企业的某些理念、价值观念和行为方式，以适应新公司的全新要求。同时，也需要重新确定其在卓银万家的工作目标和学习目标，理解公司的工作准则，成为一名合格的卓银员工。有效的培训对新员工快速融入企业十分关键和必要。这些年,卓银万家的培训已经上升到了企业战略的高度,是我们公司人才战略的重要组成部分。

很多人认为,新员工入职培训走走过场就可以了。然而,我们多年的管理实践经验证实,新人入职培训看似像一个不起眼的初级"小培训",可假如看不起这个"小培训",就很难让新人安心留下来,最终辛辛苦苦的招聘成果也将付诸东流。

2

要消除新员工对卓银万家的陌生感。

首先,我们要让新人经过初级"小培训",能够充分认识到卓银万家的情怀使命和责任、担当,理解卓银万家的基本情况和行业地位,这是此类培训的主题,内容不得偏离这个核心。新人莅临卓银万家,他们最怕被孤立、排外和圈养。所以,在新人培训过程中，要坚决移除陌生感这块绊脚石。

一般来讲，做好如下四步，绊脚石就会被轻松移除。

（1）营造团队温情和谐的气氛

温国辉对心理学研究得非常到位，他说：当一个人骤然处于一个陌生的环境时，首当其冲的就是对环境以及他人的不适应。要想新人能快速融入企业、融入团队，就必须在气氛上建立对其关切的和谐气氛。

（2）培训项目的设计，增加新人的融入感

很多企业在培训新人时，多数以课堂讲授式为主，就像学院的应试教育，以致培训效果不佳。不仅难让新人形成好感，也会让培训的老师自己感觉别扭。

温国辉要求卓银万家的培训老师，必须敏锐地捕获新人的培训需求，充分地解答他们的疑问和不解，确保新人借助民主研讨和头脑风暴等形式，有效地参与到培训项目中去。让他们找到在卓银万家应有的感觉。

（3）新老员工之间定期召开工作交流会

很多企业不懂得从人性的角度出发，恰如其分地处理员工关系。比如，有些企业，为了新员工快速融入团队，在没有任何铺垫的情况下，直接把新人投放到老员工的团队中，任其自生自灭。这种做法极有可能导致新人受排挤，从而，陌生感加剧，负能量升腾，加速新人的流失。

卓银万家的做法是：倘若新人较多时，在前期自成一组，编队管理。选派有责任感勇于担当的优秀员工或管理者对其进行"传帮带"。待新人逐渐适应了企业环境后，再解散新人团队，将其编入相应的部门。这样就做到了"软着陆"。这样老员工的抵触心理不会太尖锐，排挤感也会减低，而新人感受到了公司的重视，能够更好地生存下来。

哪怕新人较少，卓银万家也不会对其不闻下问。卓银万家针对新人导入团队，有标准化的流程设计。也正是因为这样，卓银万家才拥有了无往不胜的"钢铁之师"。

（4）领导要关注新人，有效沟通

温国辉说：作为 HR 或部门领导，要主动关注新入职员工的动态和工作表现。不要轻易怪罪责难他们。在他们技能不娴熟、出现卑怯心理或工作成效不高时，及时与其进行必要的工作沟通，增强理解，建立信任十分重要。要通过有效沟通，帮助其尽快适应工作要求和融入公司文化。

3

成功的入职培训课程怎样设计。

入职培训是新人实质性接触企业和工作的第一步，不能盲目和粗糙。培训课程要充分考虑学员的背景和层次，达成企业设计的目标。具体来说，培训课程设计不能只做表面文章，要深入浅出地讲解相应的内容，确保新人"听得懂，学得来，做得好"。否则，达不到新人的期望，也会降低企业的形象，造成人才的不必要流失。

1. 卓银万家企业文化内容设计

绝大多数企业都会在入职培训时安排类似企业介绍的课程。内容包括企业简介、发展进程、组织架构、岗位职责，企业文化等，这些都是新人最希望了解的。接下来就是基本人事、行政、财务等的管理制度及相应的管理流程等。

大同小异的内容为什么会出现很大的效果差别呢？温国辉说：这类培训内容要求培训者必须简明扼要地捕获新人最为关切、最想理解的需求点，并做到详细介绍，切忌照本宣科，添油加醋，随心所欲，胡乱承诺。

2. 讲授农资连锁行业特点、产品知识

在卓银万家，新人培训，除了上述内容外，还必须详细介绍卓银万家所属的行业现状、卓银万家的市场机会、卓银万家的产品优势和基础业务知识。

公司会安排新员工到生产车间现场观摩商品生产过程，请市场部或生产部相关负责人帮其介绍。产品讲授，通常包括产品的特点、优点、卖点、利益、案例、见证等。这样清晰的逻辑，非常利于新人的学习和掌握。

4

经过拓展训练或军训了解新人。

卓银万家新人培训的日程中通常会安排拓展训练的环节。新人在拓展训练中的表现会纳入试用期考核。什么样的人合适,什么样的人不合适,在这个过程中将得到再次确认。

温国辉说:拓展训练可以使员工明确并认同组织的目标,从而有效增强企业的凝聚力。在拓展训练的过程中,通过有效设计,可以强化员工相互配合、相互支持的团队意识,进而改善企业间的人际关系,形成积极向上的组织氛围。拓展的过程,可以促成企业内部信息交流,创造良好的沟通环境;可以激发员工的潜能,使员工面对各种组织变革与挑战时,更为从容有序。同时,员工的领导能力与管理才能也将在过程中释放和发掘出来,这非常有利于企业发现人才。

不管新人来自什么地方、有什么样的背景和专业技能,他们都要在日后的工作中,与卓银万家团队一起合作一同成长。"好汉不提当年勇,大将不论出身低",在卓银万家,一切都将从头开始。一个不合群的新人,很难为卓银万家创造价值,也会很快被团队其他成员排挤出去。

5

培训结束后公司会进行360度考核。

在卓银万家,新人考核采用"笔试+拓展+测评+部门排名"等多个考核维度。"笔试"主要考察新人对培训要领和基本知识点的掌握情况。一般情况下，笔试考察成绩为中上即可。"拓展"通过训练由教练对新人做出评语和排名。"测评"是指对其本人在培训前后的谈话、性情测评、职业取向或价值测评等。"部门排名"是一个关键的考核指标。人力资源部门会充分听取新人直属上级对其做出的评价，进而考虑人才的存留，辅导的重点和管控的要点。

以上这些因素，将直接作为新人能否转正的关键依据。卓银万家的员工能力超强是因为他们从入门到入职再到转正经历了"过五关斩六将"的过程。大浪淘沙，"剩者"为王！

此外，在入职培训结束后，为了强化新人正式步入工作岗位的认知感，卓银万家人事部门会举办一个简单而隆重的欢迎仪式，送上一份新人赠礼——鲜花或欢迎卡等。

与此同时，卓银万家还会别具匠心地送上一项福利：新人获得一次和企业高管或老板共进午餐的机会。这非常利于建立领导权威，塑造团队，建立信任，强化融入感和提振士气。

纵观卓银万家新人入职全过程，无论哪一个环节和细节，都全面融入了公司对员工的精心考察。温国辉深深地知道：卓越的人才是免费的，平庸的人才是昂贵的。企业只有把真正的人才留下，才能发展壮大，使命必达。

6

卓银万家每次的培训都有考试。

卓银万家每个季度都会组织员工开展内训，并且在培训结束后有针对性地进行考试测评，确保培训效果。

在卓银万家的历史上，也曾发生过员工在培训过程中，态度上表现得不积极、不重视，出现考试成绩不理想，甚至不及格的情况。公司领导按照企业的《大训练操作指引》，对其进行了"无薪回炉考核"一个月处理。

在这期间，公司给考试不及格的员工制定了相应的考核指标。员工身体力行进行学习和改进，然后公司针对指标进行考核，合格后才能恢复薪酬。这样一来，不但公司达到了培训效果，员工的心态也得到了及时的调整，工作能力也得到了有效的提升。如果复试不合格，公司坚决淘汰解聘。这是原则问题，是大是大非问题，公司绝不手软，毫不客气。一个"说得出，做得到"的老板才是一个让人信服的老板。一个"说得出，做得到"的企业才是让人信服的企业！

温国辉说：培训就是要开发员工的职业心态，职业技能和职业潜能。培训不考试就等同于到商场付款不要东西。

三、听、看、读、写、练、践

温国辉说：毫无疑问，人是有惰性的。通常来讲，可以躺着做的事就不会坐着做，可以坐着做的事就不会站着做，可以站着做的事就不会走着做，可以走着做的事就不会跑着做。

卓银万家的培训内容十分丰富，内容涵盖知识、技能、态度和行为模式等四个维度。这是在实践中总结出来的非常实用的经验。"实效才能实用，实战才利于实践！"

1

关于知识。

在卓银万家，公司要求普通员工需要掌握完成本职工作所必需的基本知识，同时要明晰企业的发展战略、理解企业的代理方针、知晓企业的代理状态、遵守企业的规章制度、学习市场及竞争策略等。

温国辉要求各级管理者，除掌握如上的基础内容外，还必须深谙管理之道，基于组织目标，有效行使管理职责。同时，在各自的领域，如生产、研发、营销、财务等做到精通和擅长，并且能够活学活用"天龙八步"，以此解决重大问题和实际问题等。此外，管理者还需要学习心理学和哲学的知识，对社会形态、政治、文化、伦理等都要有一定深度的认知。

温国辉说：专家是持续学习出来的。一位员工，每天学习八小时，三年后可以成为岗位专家，五年后可以成为行业专家，十年后可以成为国家级专家。

对任何人而言，"专家"的头衔都绝非遥不可及，你能成为专家吗？别说你没有那么多时间学习，你可以"在战斗中学习战斗"，你可以"把工作看成是带薪的学习"。

2

关于技能。

要充分使用知识就必须具备有效的工作技能。这些年，卓银万家经常举办"岗位大练兵"活动。其目的就在于提高员工的工作技能。卓银万家提倡"团队共进"，在卓银万家，最丢脸的事情莫过于"技不如人"。

温国辉说：作为一名领导者，技能的构成是相当复杂的。归纳起来，主要涵盖运筹和决断能力、改革创新能力、灵活应变能力、人际交往能力等。卓银万家非常重视企业高管这些能力的培养，这既有利于公司的发展壮大，更利于员工的快速成长。

现代企业运营，对岗位专才的需求更加急迫。通才虽好，但可能"粗而不精"。就像看病，患者愿意去找专家一样。公司需要腾出工夫，加大专才的培养力度。

3

关于态度。

"心态决定状态,状态决定成败"。态度是影响员工能否充分使用知识和技能的关键因素。纵观天下,员工的工作态度与企业的"风水"是息息相关的。积极的心态像太阳,照到哪里哪里亮,消极的心态像月亮,初一十五不一样。

温国辉说:态度不是说好就能好的,单纯的讲授式培训,对改变员工的态度的作用是有限的。企业需要要求"领导导师化",提倡"培训常态化",建立"组织学习化"机制。企业需要处处弘扬正能量,近而加大感召的力度,影响员工的态度。

试想:如果一个领导对员工说:"不要害怕,有我在""不要担心,由我来""有什么困难吗,我来帮你"……领导的心态怎样,员工的感受如何?

相信你为工作付出的永远比它给你的要少,不要天天哭着喊着"我很累",为什么要这样呢?请理解,因为理解才能成为"万岁"!

4

关于行为模式。

行为模式是企业文化的内在表现形式,涵盖公司行为和个人行为两个方面。

温国辉深谙国学,他说:被列为十八经之首的《孝经》里有这样一句话:"非先王之法服不敢服,非先王之非言不敢道,非先王之德行不敢行。"身为一个员工，必须知道企业的"法服""法言"和"德行"是什么，这是良好行为模式的开端。

温国辉强调说：一个员工，每天进步1%，一年之后的今天就可以进步37.78%，何乐而不为呢？请确信：每天学习一些新知识，每天进步的将不止一点点，专注行为模式的改善，总会有"蝶变"的那一天。

打开心门，紫气为你而来；历练品性，卓越为你而来；规范行为，成功为你而来！

5

2006年，刚刚加入卓银万家的员工小雷，是一个典型的腼腆内向的小伙子。他甚至在公司和女同事讲话都会脸红。

当时公司刚好组织员工进行胆量锻炼项目。每天早上安排20多个人进行晨读。晨读结束后，每位伙伴依次上台进行分享。小雷起初不敢上台，头脑一片空白，被同事拉着上、推着上，站在台上瑟瑟发抖，紧张得说不出话来……经过周而复始、不断练习，渐渐地小雷开始主动上台分享。

小雷自2009年开始学习讲课。为了讲好课程，他在公司里面不断地学习、反复地演练。温国辉见时机成熟，派他到清远太平镇马塘村委进行实战。在一周的时间里，小雷连续组织和参加了7个村子的农友技术讲座，并且获得了好评。从那以后，小雷的信心倍增，当初腼腆的小雷，成长为了在三尺讲台上挥舞臂膀的雷老师。

小雷总结他的蜕变时说："没有卓银万家的学习环境我不会

成功，没有老板的器重和同事的鼓励我不会成功。至于成功的方法，我想用六个字来概括，这六个字就是我们卓银万家温总提倡的学习方法六字真经：听、看、读、写、练、践！"

每个人的成功都不是天生的，都需要不断地"听、看、读、写、练、践"。从"过不了如此"，变成"不过如此"，原来就这样简单！奇迹每天都在发生，重要的是，可否发生在你的身上。

四、以老带新，以上带下

温国辉说：以师带徒、主管点评，教学相长，共同进步：这是卓银的优秀学习方式之一。

1

制订培训计划必须掌握的步骤：

培训计划是为培训目标服务的。掌握必要的制订培训计划的步骤，不但可以事半功倍，而且可以监测和监督培训工作的合理性和有效性。通常来说，制订企业的培训计划主要包括如下七个步骤：

步骤一： 培训组织者了解员工的知识、技能情况，以及学习意愿。

步骤二： 结合企业战略目标及岗位工作目标，确定培训目标。

步骤三： 将培训目标与员工现状相对照，找出差距，设计培训项目方案。

步骤四： 拟订培训计划，请示领导。

步骤五： 领导审批，发现问题及时指正。

步骤六： 按照领导意见进行相应修正，并进行二次报批。

步骤七： 获批后落实培训计划，做好阶段性总结。需要支援，及时请示。发现亮点，沉淀经验。

2

至 2009 年起，卓银万家的营销系统开始推行"以老带新，以上带下"的培训方式。"工欲善其事，必先利其器"。拜访前一天晚上，师傅选定三个客户，做好拜访计划，并准备好拜访客户所需要的工具包，内有宣传物料、访谈稿、胶纸剪刀等。

第二天的工作按照如下的程序展开：

第一个客户，由新员工上阵，师傅跟着进行观察。完成工作后由新员工进行自我总结，再由主管进行点评、提出建议。

第二个客户由师傅进行示范拜访，让新员工观察、学习师傅的标准流程，从而对自己的不足之处进行相应改进和优化。

第三个客户再由新员工结合师傅的操作流程，结合自己的思路进行再次实践，得以加深印象和巩固标准，再次进行总结、点评，让新员工得以快速提升。

卓银万家在实践中总结出了"老带新三步法"：第一步，徒弟做一遍，师傅看一遍；第二步：师傅做一遍，徒弟看一遍；第三步：徒弟做一遍，师傅指导一遍。

卓银万家企业内部管理者培训新人则采取"五步法"的导入性培训模式。即：领导做新人看，领导做新人帮，新人做领导帮，新人做领导看，新人做领导管。

五、企业培训的三大法宝

温国辉说：角色扮演、借用游戏、实战演练是公司培训的三大法宝，对于提升员工的工作能力和积极性大有裨益。

1

法宝一：角色扮演。

角色扮演是一种特别生动的培训形式。员工既能在角色扮演中展现个人的表演天赋，也能从角色的演练中得到实战经验和技法。

比如，在讲解业务员如何对终端客户进行走访的时候，就可以指导学员对客户和业务员的两个角色进行扮演演练，模拟终端走访的场景。通过演练对客户心理、走访技法、谈判技巧、推销手段等业务知识进行指导，这更有利于学员对培训知识的掌握。

角色扮演，一方面有利于施展员工的主观能动性，便于企业发现人才；另一方面也能发现其存在的问题，给予及时准确的辅导；同时，也有利于发掘新问题，挖掘新的培训需求，开发新的培训课程，不断强化，不断精进。

2

法宝二：借用游戏。

游戏的培训形式较易被学员接受，可以提高学员的参与感，使学员的心灵得到震撼。有些游戏活动的场景，可以让学员记忆一辈子，这可以对学员的工作产生潜移默化的影响，辅助达成公司的培训目标。

比如"手指抬人"游戏。当团队每人一个手指合力抬起一个"大块头"的时候，大家都能意识到团队的力量无坚不摧。

随着营销重心下移，渠道扁平化，团队的协同作战能力显得尤为关键，管理者更要着力于团队的建设和培育。切记：一个人可以走得更快，一群人可以走得更远！

游戏的培训形式还能缓解有些课题专业性过强带来的冷场。企业在培训的过程中，可以恰当地穿插一些小游戏，使生硬的理论知识变得更容易被学员接受和掌握。

3

法宝三：实战演练。

温国辉非常喜"孙武练兵"这则故事。

孙武将《孙子兵法》奉献给了吴王阖闾，正欲谋求霸业的阖闾阅后赞不绝口。他想起用孙武为将辅佐自己，却不知孙武实际统兵作战的能力如何，便把自己180名美丽宫女交给孙武训练，以作检验。

孙武把宫女分成两队，以阖闾宠爱的两个妃子担任两队队长。孙武反复重申军法，然后击鼓发令向左，宫女们听见鼓声，觉得好玩极了，个个捧腹大笑，丝毫不听使唤。孙武于是三令五申后击鼓发令，宫女们仍旧大笑不止，原地不动。孙武下令将两位队长斩首，远处观看的吴王慌忙派人说情，孙武断然回绝，下令开刀问斩。

接着孙武任命两队排头的宫女为队长，重新击鼓发令，这下宫女们的操练，都合乎规定和要求。很快一支听从指挥、能够赴汤蹈火的军队训练成了。

温国辉说：无论是军法还是企业制度，皆不能空谈，必须遵守。不遵守的人必须受到惩罚，方才能显示出领导者的意志和决心，从而实现预期的目标。如果孙武不断然回绝吴王的说情，不执行军法，那就无法把娇生惯养的"红妆宫女"训练成为一支纪律严明、听从指挥的"虎狼之师"，当真正去战斗时就会落得一败涂地、全军覆没的下场。

训练场上伤几根肋骨，总比战场上丢了性命强！

六、360度回顾

温国辉说:卓银有健全的"互评系统",培训师对学员评价,公司对学员、培训师进行环评。正是因为有这样得利的举措,公司的培训系统才得以真正的落到实处。

1

世间万物皆不同,对症下药立功名。

纵观天下,每个人的背景不同,个性不一样,经历不一样,世界上就没有两个完全一样的人,那应该怎么教育呢?

温国辉说:这个不难,公司必须拒绝一视同仁的培训模式。"一把钥匙开一把锁",永远不要试图用一把钥匙开所有的锁。比如批评人,对脸皮厚的人,可以当众批评;对爱面子的人,要叫到办公室里单独做思想工作……教育员工要走差异化路线。

管理者需要费尽心思,去研究下属的行为、动作、眼神、语言、思想……从中捕捉信号,去了解,做判断,想办法,用策略,拿结果。正所谓:"世事洞察皆学问,人情练达即文章!"

温国辉说:"英雄在用武之地,顶天立地。"能力说到底是一种匹配度。如果一个员工非常喜欢钱,就让他去做销售;如果一个员工做事仔细,擅长创新,可以让他做市场部的相关工作;看东西只看地上的人,可能适合守仓库;吃饭都用计算器的人应该可以做会计;婆婆妈妈的也许是做客户服务的好手;坐不住办公室的人就让他去做外勤……这叫用人用长处。作为管理者，应该关注这些问题。管理者必须深谙识人用人之术。

在卓银公司有一位员工，他把权力看得很重，对钱却没有那么执着。于是，公司就把印章交给他管理，让他每天在办公室里"嘣嘣嘣"地盖章。而且把他的位置放在办公室的最中间的位置，让大家都能看到他，让他有收获一种权力感，结果他非常高兴，工作做得细致而富有成效。

对于思想比较单纯、服从性比较高的员工，管理者需要给他工作指示，提出具体要求，强调预算控制，从上到下直线管理；对于受过高等教育、敏感、见过世面、经历复杂、强调团队精神的人，公司要让他参与更多的事务，要体现公司对他的重视，注重双向管理，不能搞"单行道"。

一个公司到底用什么方法经营，没有完全的定式，有的强调制度管理，有的重视人性管理。这里"没有对错，只有得失"。一个公司试图凭借一本人事规章管理制度安枕无忧那是一种肤浅。每个公司都有人事规章，而且大同小异。所以，管理要适应对象，不能一视同仁，搞"一刀切"。

无论管理还是培训，应因人而异，因事而异，因时而异，采取差异化策略。

2

思想是想法的源泉，行为久了才变成习惯。

好的行为要变成好的习惯是需要时间的。文学家陈之藩在《剑桥倒影》一书中写道："许多许多的历史才可以培养一点点传统，许多许多的传统才可以培养一点点文化。"可见，文化是多年的习惯，要养成习惯不是简单的事情。

比如，准时观念是一种思想，准时是一种行为，一个组织如果把准时变成组织习惯，就会形成组织文化。无论是世界强国，还是优秀企业，他们都会强调时间观念。要想形成准时文化，就必须打通准时的思想，强化准时的行为。卓银万家就是这样做到的。

纵观天下，很多领导都喜欢讲一句话："不要告诉我过程，我只需要结果。"这个话听起来霸气十足，很有个性，很有风度和力度。然而仔细推敲一下，并不是那么一回事儿。如果你是军长、师长，你可以命令部下带着兄弟们把那个山头给我攻下来，"不要跟我讲会流多少血，会死多少人……我只要求今天中午之前把那个山头给我攻下来。"

在军事上可以拥有这种派头，强调这种风格，强化这种作风。可是，在企业里这条路是很难走得通的。"毕竟企业是干事业，而不是叫下属去死！"

管理团队，做思想工作是必要的。你不扭转员工的错误思想或者畸形思想，大道理讲100遍也没有用。做思想工作不是从道理开始的，是从关切开始的，是从心开始的。你要站在员工的立场和角度来考虑问题。永远不要说"你要怎么样怎么样"，你需要改改口气，比如说"你这样做了对你的好处是什么"。不要轻易去命令，"一张一弛，文武之道"，做到适中适度即可。

如果你的下属跟你共事，思想上没有进步，技能上没有提高，心态上没有改善，生活质量上还仅仅是维持温饱，进公司的时候和离开的时候都是一样的，你就不是一个称职的主管，成功的领导。要知道,这样的员工走后,不会对你有所感恩,只会对你有所怨恨。这不利于企业美誉度的提高。

下属的思想是主管教育灌输和培养的。身为主管的你,应该像教育自己的孩子一样去关心他们,教育他们,成就他们。切记:如果你没有让他们拥有思想,他们就不会有迁善的想法,就不可能产生内心强烈的触动。没有内心强烈的触动,就发展不出积极的行为。没有积极的行为,他们不可能产生良好的习惯。没有良好的习惯,就只能徒剩空无,昙花一现。

3

其实他们每天花 90% 的时间做的事情对公司的贡献可能不足 10%。"心白为忙",缺乏效率的原因之一是他们不分主次,不懂轻重缓急。

时间管理非常重要,每天上班必须先做最重要、最紧急的事情。要知道，囫囵吞枣，事无巨细是没有生产力的。

　　企业中，一定要盯准目标去行动。盯着目标不意味着忽略问题，只有解决相关的问题，才能达成预期的目标。问题一定要找，甚至要用"放大镜"去找，这样才能看得更加仔细。

　　请相信：问题等同机会，灾难创造机遇。当然，只有以目标为导向，问题才可能变成机会；只有以决绝的心态面对，灾难才能成为机遇。所以，主管不要说"我遇到了一个问题"，也不要说"这对我们来说简直就是天大的灾难"，要意识到"我找到了一个解决问题的机会""机遇恰在此时降临"……观念变了，天地就变了，工作就好干了！

　　一个管理者，如果专注于琐事，就很难看到真正的问题，也找不到理想的机会，甚至错过天大的机遇。放眼天下，当今是一个"快鱼吃慢鱼"的时代，"当你原地踏步的时候，你的竞争对手就会抢先一步。"因此，温国辉说：凡是你想不到的，你的对手会帮你提前想到。当下的商业社会，大家首当其冲去抢的是时间！

七、变革

温国辉说：卓银作为优秀的农资企业，十几年来，都非常重视优秀大学生的引进和培养工作。

1

改变一：学习先进，制造差异。

在"有智能手机就是记者"的年代，信息相对对称，企业技术正从"奢侈品"向"大众化"转化。然而，就算你努力学习这些技术，也无法赢得竞争，因为你在步别人的后尘。

怎么办？怎么办？怎么办？你需要极速学习这类技术，站在前人的肩膀上不断创造，如此，才能制造出差别来，进而成就你的伟大。打击对手是没用的，你唯一能做的就是超越！

温国辉常对新进的大学生说："要想有前途，有钱赚，你就要备齐岗位相关技术，接着以差异化的竞争优势一决胜负，赢得竞争。"

2

改变二：重视技术，输出服务。

传统的农资经营模式往往是酒水文化、让利赊销、促销压货、自卖自夸、洗脑忽悠等，这些伎俩都是围绕拉拢零售商展开的。目光短浅，关注和引导的是眼前利益，不是优秀企业永续经营的门道。

2005年，温国辉买了一辆轿车，开去拜访客户。一个客户说"这个发动机是我的"，另一个客户说"这个倒后镜是我的"，还有的说"轮胎是我的"……大家七嘴八舌地讲开了。车子本来好好的，但已经被这些人近乎龌龊的思想拆得稀巴烂。

经过这个事件以后，温国辉开始反思，"企业的最终的客户究竟是谁"，他突然意识到"客户不是人而是作物"。

从此，他改变了传统的经营策略，开始建设品牌，重视技术，输出服务。花大力气培训员工、店长和农友。通过实实在在地提升农作物的产量、品质和效益来吸引人心，促成合作，促进发展。温国辉的方法十分奏效，终于，他赢得了市场，赢得了人心。

"授人以鱼，不如授人以渔"。以作物为客户，以技术输出和主动服务为导向，卓银跑赢了对手，业绩蒸蒸日上。2007年，温国辉买了台豪车，开去拜访客户，再没有人发出此前的那种声音了。

3

改变三：积极进取，整体提升。

从电商出现的那刻起，传统的经营模式就开始受到了无情的影响和冲击。农资行业和卓银万家概莫能外。互联网思维，开阔了温国辉的思路。

卓银万家是一家积极进取的企业，多年的发展累积了成熟的经验。

公司运营上，从2012年开始打造自主品牌，实现"研产销三位一体"，到现如今拥有赫赫威名的"江湖地位"。产品战略上，从卓银海藻肥系列，到"满汉全席"全营养系列，再到卓银益生菌系列核心产品……

卓银万家一直引领着农资行业功能性产品的创新与发展。其市场动作无不体现出了卓银人变革的决心和思变用变的大智慧。卓银也因此获得了整体的提升。

4

改变四：用心思考，运用模型。

温国辉说：中国人讲"心想事成"，心不想的事，成不了！

以销售为例，他说："销售不是人做的，销售是人才做的！"要想做好销售，提高业绩，有两个关键点非常重要。这两个关键点，一个叫作"感情"，一个叫作"利益"。两个人既有感情又有利益，才能"亲密无间"；只有感情没有利益"昙花一现"；只有利益没有感情"过河拆桥"；两者都没有了，就"分道扬镳"了！

金子的"金",是由"人""王"和两个点构成的。一个人能不能成为事业中的"王",就要看他这两个"点"运用得怎么样了。

这就是他培训教导员工时,常常讲授的"成功金字塔"模型。

5

改变五:亲自说法,心灵管理。

在卓银万家,温国辉是一位出色的心灵导师。他说:一个人要想有所成就,内心必须强大。一个员工要成为领导者,除了相关能力的提升之外,更为重要的是管理好自己的内心,并塑造人格,历练品性。

成就自己的人"一事无成",成就他人的人"事事尽成"。说白了,"一个人的价值,就是创造被利用的价值"。一个员工要想有所作为,就要去做"利己利天下利苍生"的事情。当你以此为目标,你的财富将与日俱增。

在团队中,你必须处理好能力和欲望的关系。纵观天下,没有欲望的人是最穷的人,不懂欲望管理的人是最笨的人!

一个人,可以不成功,但是不能不成熟,可以不成熟,但是不能不成长。每个人都走在通往成长成熟成功的路上。

温国辉的思想,改变了很多人,教育了很多人,他赢得了团队的尊重,赢得了行业的声誉,赢得了市场的认可。未来正在为他而来!为和他一样有思想、善行动和有结果的卓越企业家们而来!

八、培训溯源：成长和改变的原则

人的一生包括多个成长和进步的阶段，必须因势利导，循序渐进。精神领域、人际关系、个人品牌亦是如此。这些就是温国辉为"天龙八步"确立培训环节的思想来源。

1

多维理解"为什么培训"：做好培训需求分析。

"为什么培训"是企业培训首当其冲需要回答的问题。培训项目需要从追问"为什么"出发，明确培训需求，把握培训目的和意图。小孩子成长是从"为什么"开始的，大人概莫能外。能问出"十万个为什么"的人不是傻子，而是高人。

温国辉说：理解"为什么培训"，就是要从宏观到中观、再到微观做好培训需求分析，以便使培训更加具有目的性。企业的培训需求，说到底是目标与现实之间的差距。这个差距的很大一部分需要通过培训来解决，这也就成了企业真实的培训需求。企业要想做好培训，必须把握这个关键。

2

深度分析"培训谁"：掌握学员个体学习特征。

"培训谁"表面上看是要解决培训对象的选择和确定的问题，故在培训项目中，培训管理者通常会关注培训对象的人数、岗位、年龄、基础、性别等基本情况。这些分析结果是为学员提供个性化学习与针对性培训的切入点，可使培训主题更加明确。

温国辉说：卓越的人才是昂贵的，平庸的人才是免费的。培训是企业的重要资源，资源不能浪费，你需要给那些优秀的员工更多的培训机会，而让那些不太优秀的员工感受到压力和受到感召。他们努力了就给他们机会，不努力了就把他们送进必要的"淘汰通道"。

3

准确制定"培训目标"：聚焦培训效果。

"培训目标"旨在回答"培训要达到什么结果""学员通过培训达成哪些变化"以及"培训项目本身要取得什么成果"。

培训目标主要分析培训具体解决哪些问题，解决到什么程度。有效培训的目标应该使学员便于理解、易于接受。为此，在培训实施方案中，制定明确的培训目标至关重要，准确地表述目标也非常关键。在卓银万家培训日程设计中，除了时间、课题、授课老师等相关资料外，都会明确具体地写出本项培训要达成的目标。

温国辉说：企业有发展的目标，员工有成长的目标，问题有解决的目标，系统有完善的目标……无论怎样，一个培训课程不要试图解决所有问题，课程是有边界的，培训是有目的的。通常"面面俱到，等于面面不到"。一个成功的培训组织者必须精准确定培训目标，聚焦培训效果。所有的培训工作都必须围绕培训目标有效地展开。

4

精心设计"培训内容"：设置有针对性的培训课程。

培训课程是培训项目成功与否的重要载体。培训内容应该基于培训目标精准设计。培训内容设计时要考虑"5—3—2 法则"。

"5"：即内容 50% 是学员必须听得懂的，是他们喜闻乐见的；"3"：即 30% 针对学员似懂非懂的问题进行设计；"2"：即 20% 专业性设计。

企业培训，学员们更喜欢"干货"和"解决实际问题"。

温国辉说：培训内容必须基于培训目标设计。培训有了针对性，培训才能达成有效性。培训课程和培训目标之间存在着内在的逻辑关系。如果说培训需求是培训的现实起点，培训目标是培训的预期终点，那么，培训课程就是起点和终点的连接线路。这个线路，必须畅通无阻！

5

严格遴选"谁来培训"：优化培训师资源库。

卓银万家每年都组织开展春训、夏训、秋训、冬训项目。每次的培训内容都会精益求精，不断优化。通常公司规章制度、产品知识和农化技术的培训由公司资深导师进行讲解。关于团队塑造、企业执行力、营销技巧等请专业的培训机构的老师进行封闭式训练。

温国辉说："领导导师化，组织学习化"，是农资行业企业培训的大势所趋。企业应该尽可能地建立起自己的师资队伍来。

专业的事，要由专业的人员来做。同时，企业可以采取"请进来，送出去"的模式，不断强化系统，迭代知识，夯实企业的内核，并让员工得到快乐成长和快速成长。

6

积极探究"如何培训"：发挥研修主体的参与作用。

培训老师自我成长的有效方法，需要建立在对学习者学习规律的把握上。作为培训管理者，在研修性学习的过程中，其知识的建构性、社会性、情境性和复杂性等方面都需要具有相当的理解和储备。只有这样，三尺讲台上，才能更好地呈现内容共享、情景仿真、有效互动、趣味无穷等良好特征。

温国辉说：成人学习具有这样的特点：他们学习的目的明确，主动性强；有相对丰富的工作经验；记忆能力减弱而思维能力增强；喜欢审视和表达自我，参与意识强烈；注重学习效率和基于使用性的价值转化等。老师要想把课程讲好，千万不可忽略这些因素的存在。

7

密切关注"培训效果"：全程监测和控制培训质量。

"培训效果如何"，实际上是关于培训效果评估的问题。针对一个具体的培训项目，企业必须对培训效果、培训质量进行有效评估。这有利于培训经验的累积，有利于培训工作的改进，也有利于找出学员新的培训需求，开发下一阶段的培训项目。

温国辉说：企业可以通过考试来检验学员对诸如公司制度、产品知识及作物知识等专业课程的掌握情况，从专业的角度讲这叫作学习层评估；卓银万家除了学习层的评估外，还会通过反应层、行为层和结果层的评估来检验学员的学习情况。反应层主要表现在课堂的提问互动上；行为层通过员工学习后的行为表现来获得，可以访谈学员的直接领导或者是他们的客户；至于结果层，就是分析员工的工作绩效发生了哪些实质性的变化。

组织培训
天龙物语

培训不是简单的"沙盘演练",培训不是简单的"台上三分钟,台下十年功"。培训除言传身教外,还要做到境教。因为"环境可以以非暴力的方式改变",身处其中的每一个人。领导要做"行导",正所谓"行动感召,导入正道"。

要想做好农资连锁,切记:企业培训部门是企业的第一生产车间,企业培训师是企业的第一工程师……"组织学习化,领导导师化"非常重要。企业要成为"人才加工厂",请自问:"我的企业生产人才吗?"

第五章 推动执行

导读

一、框架化、量化

二、简单化、流程化

三、五勤（眼、口、手、身、心）

四、沟通

五、决心第一，成败第二

六、结果第一，理由第二

七、盈利是企业的生存之本

八、创新力

九、执行溯源：积极主动

第五章 推动执行
CHAPTER 5

温国辉：再好的方案，如果得不到有效执行，也终将归零。哪怕目标触手可及！每个人都希望用自己的能力来证明自身的价值，手下人也不例外。你需要让他们去施展才华，不要害怕他们失败，过程中你需要给予他们适当的扶持和指点。是个猴子就给它们座山，折腾折腾；是条鱼就给它们条大江，扑腾扑腾。放开你手中的"雄鹰"，让他们翱翔于更加广阔的天宇吧！他们渴望心想事成，快速成功！

一、框架化、量化

温国辉：曹操以框架化思维"挟天子以令诸侯"，诸葛亮以框架化构想为刘备三分天下取其一，我以框架化规划卓银万家农资连锁版图。

薪火相传："一路一带"

卓银万家之所以能够极速成长，与重视人才不无关系。比如，在新员工培训方面投入大量的人力和物力。其宗旨是让新员工极速认同公司的价值观，掌握主要工作技能，从而有效投入到关系国计民生的农业阵营中去，漂亮地打赢每一场战役。

卓银的人才培养能力在业内是尽人皆知的。其独特的"师带徒"模式更是被传为业界的佳话。一个师傅带一个或者几个徒弟，进行谆谆教导。走一路，带一路，这就是卓银万家的"一路一带"。"一带一路"成就了中国，"一路一带"成就了卓银万家。

附：师带徒框架图

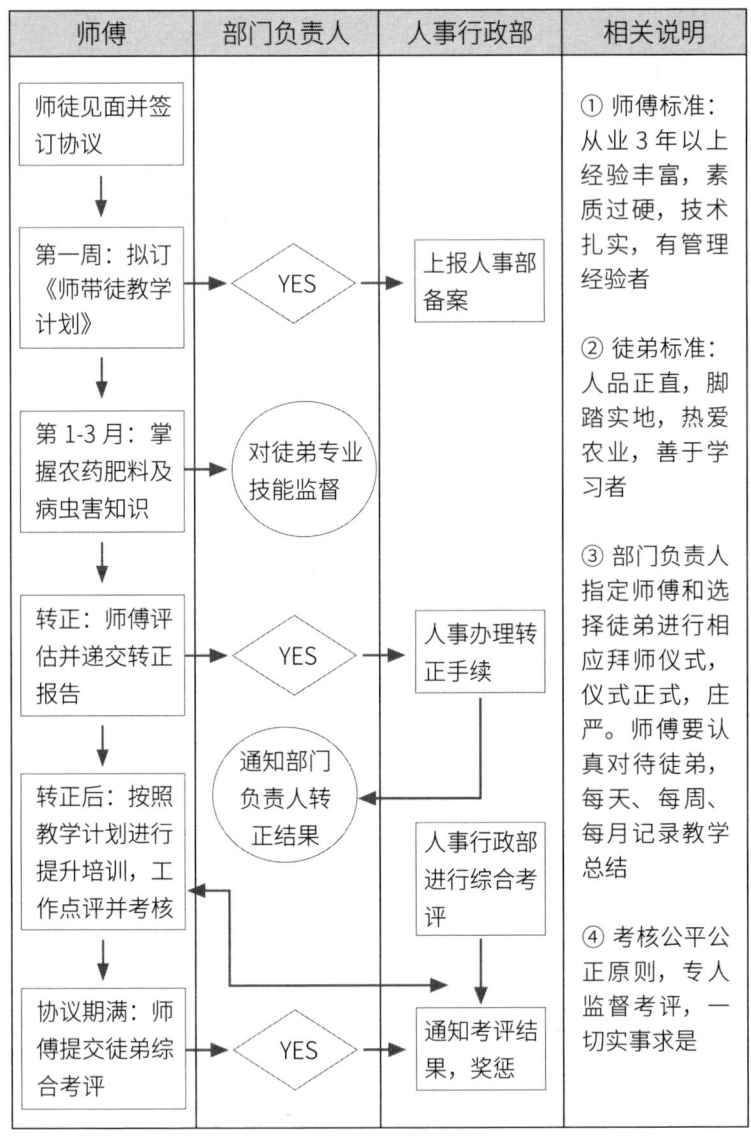

师带徒框架图

温国辉说：企业要发展就必须重视基于流程化、标准化、制度化的框架化建设，要成体系，要夯实系统。这样才能确保执行的效力。

另外，卓银万家对新入职销售人员培训也有一个框架化培训流程。

新业务员三个月培训（学习）流程表

时间	学习内容	培训师	监管人	学员
1~3 天	企业文化（公司实力、发展历程，活动大事记）			
1~15 天	农药、化肥基础知识（概念、分类）			
16~30 天	作物病虫害、作物缺素学习（理论＋下乡采集标本）			
30~45 天	下乡拜访流程（1.热情问候；2.兑现承诺；3.信息收集；4.访谈对话；5.产品陈列；6.约定下次拜访时间）			
45~55 天	下乡拜访流程（1.热情问候；2.兑现承诺；3.信息收集；4.访谈对话；5.产品陈列；6.约定下次拜访时间）			
55~65 天	画树型、营养金字塔、修剪基础知识			
65~80 天	活动开展标准及流程（三合会、观摩、示范）			
80~90 天	讲课标准流程及技巧			
90~95 天	考试及确定是否录用（对以上内容进行评定及试用期是否合格）			

二、简单化、流程化

温国辉说：卓银经历过业务员报销 10 元车费，需要走流程 2 小时的烦琐复杂期，现在想想，那简直就是一个笑话。

流程再造：流程畅通无阻，确保简单高效。

温国辉说：把复杂的过程简单化，把简单的过程量化，把量化的因素流程化，把流程的因素框架化。掌握了这个要领，流程就会做得专业而有效。

什么叫专家？多数人认为专家是在某一个领域专注且厉害的人。卓银万家曾经遇到过把简单的事情复杂化，把一点事情搞得玄乎其玄的"伪专家"，造成了组织运转效率缓慢，裹足不前。企业运营实践中，温国辉意识到：真正的专家应该是把复杂的事情变得简单，而不是把简单的事情变得复杂。

出差报销到底需要几个人签字？卓银万家简化流程后，由财务部签字就可以了。因为员工不能自己安排出差，出差前要打报告，报告批下来，就意味着领导同意了。同时，出差费用报销是有标准的。

比如，一名员工要去广西出差两天，出差回来把差旅费用的票据贴好了，送到财务部，财务部一看是两天，相关费用没超出标准，飞机经济舱去的，住的是三星级酒店符合规定，就可以按照财务制度给予报销。

什么时候需要上级签字？比如，这名员工住了四星级酒店，费用超标，这时就要事前请示公司领导。这个事情本身就不复杂，一张报销单太多的人签字，好像每个人都负责任，其实每个人都负不起责任。比如领导签字了，反倒给财务部一种借口："领导都签了，我还瞎操什么心啊？"

你可能会想："如果工作人员出差，中途有事，没去那么多天，胡乱报账怎么办？"卓银万家有检查系统，有诚信系统，在卓银万家失信的代价是惨重的，没有谁愿意"以身试法"。

如今，在卓银万家，报销审批流程清晰而简单，负责且高效。当然，每个企业的具体情况不同。但有一个原则是相通的：报销不是审查的人越多越好，有时少比多好。流程简单反倒把事情变得更加容易执行了。

毫无疑问，越规范的工作往往效率越高，越简单的事情执行起来往往越清晰容易。特别是给员工做的工作，更要简单一点儿。这就像是水在渠里流，你的渠修得好，水流得就顺畅，你的渠水坝多，结果可想而知。在管理上，不要期望"水到渠成"，你的员工"四处开渠"，结果可能"泛滥成灾"。

企业里，作业指导书要简单，流程化和标准化，操作性都要强。假如搞得很复杂，看都看不懂，你想员工可能做得好吗？作业指导书除了让员工看得懂，检查的人也要看得懂。试想，检查的人看不懂，作业指导书不就成了"天书"了吗？

员工执行得不好，可能源于三个方面：不能执行，不会执行，不想执行。不能执行，通过流程再造解决，不想执行通过激励解决，不会执行通过培训解决。

三、五勤（眼、口、手、身、心）

温国辉说：就算天上掉钱下来，也是需要弯腰去捡的，自助者天助。

要打造高效执行力，温国辉认为员工必须做到"五勤"。即：眼勤、口勤、手勤、身勤和心勤。"五勤"是卓银万家对员工提出的基本要求，是卓银万家员工的行为准则。实践证明，具备"五勤"素质的员工，是企业需要的优秀员工，他们的执行力超乎想象。执行力背后是领导力，领导力需要体现在对员工"五勤"素质的塑造和培养上。可以说：没有"五勤"，就没有执行力。没有执行力又哪来的生产力？

1

眼勤。

（1）眼里要有目标

从组织的角度讲，员工不是为工作而工作，而是为达成岗位目标而工作。为此，员工必须锁定目标，聚焦目标，寻找任何可能的机会，寻求可以达成目标的资源，并且将它们充分地利用起来。在庞大的组织系统中，也会出现岗位目标不清的情况。在这种情况下，你需要让员工知道，必须站在公司的立场，为客户创造价值，为个人谋求认同，为企业谋求发展。

《西游记》里的孙悟空，眼里有目标，所以每当大难大劫到来之时，他都能挺身而出。沙僧眼里有目标，所以才能迈向目标任劳任怨。白龙马有目标，所以才能"白龙马，蹄朝西"；猪八戒眼里也有目标，而他的目标较多，有时眼里也有美女，所以会出现意志不够坚定的现象。唐僧眼里有目标，所以各路神仙都愿意帮他。

古今中外，所有的军人都知道明确目标的意义。企业的员工置身的是没有硝烟的战场，同样需要扮演军人的角色。试想一个军人没有观察好敌情，那将意味着什么？可能是自己的负伤阵亡，更可能给组织带来无尽无穷的灾难。

有了明确的目标才能知道自己要做什么、什么时候做、该如何做。你不妨将要实行的目标不管大小，都清晰地罗列出来，并按权重进行排序。同时，设定一个完成的期限。然后，为之努力奋斗。相信，待期限来临之际，你的目标纵然没有全部实现，也肯定实现了绝大部分，并且与未实现的目标更加接近。

眼要勤！唐僧因为看到了普度众生的样子，所以才能不畏艰险，风餐露宿；白龙马因为看到了自己在化龙池里化回原形的样子，所以才能一路向西……你需要看到你实现目标后的样子，你看到你的成果了吗？你看到你的未来了吗？你看到迎接你的鲜花和掌声了吗？你看到了这段为你而书写的文字了吗？向你的目标亮剑冲刺吧！

（2）审视自己的工作

你需要不断审视你的工作，任务有没有完成？是否合格？你总不能拿假结果去换真钞吧？你要知道哪些工作是可以改进的，可以提高工作效率的。你需要把工作看成是带薪的学习……哪怕是看起来并不起眼的工作，对你的成长皆有意义。

审视自己的工作就是对自己的工作进行检查，做阶段性的总结，并提出改进性的计划。所有的运动员在上场竞赛前，教练们都会告诉他们动作必须要到位，动作到位是实现高分的保障。把每件事情做到位了，才能体现出执行效率，才能赢得比赛，赢得人生的竞技。否则，很可能影响执行效力。一旦离要求差得很远，就需要花更多的力气弥补，甚至是从头再来。

对管理者而言，不仅要审视自己的工作，还要审视下属的工作。要看下属的工作，有没有合乎公司的要求、岗位的要求？有没有按照制度流程标准等来执行？他们的心态怎样？可能面临的问题是什么？可能遇到的问题是什么？下属有没有明白工作的目标、内容、可以借用的资源？你采用的沟通方式能不能被下属理解？执行这项工作的难度下属是不是能够有效地克服？这些都需要审视，而不是无视。要想成为一名优秀的管理者，你需要"眼观六路，耳听八方"。而不是诸如跷着二郎腿，喝着茶，无所事事一般。

2

口勤。

（1）沟通和反馈

"口勤"不是牢骚满腹，不是怪话连篇。温国辉提倡的"口勤"是积极有效的沟通。当目标不明确时要及时沟通；当需要他人配合时要有效沟通；对流程不清、结果有异议时要审慎沟通；对下级要仔细沟通，对上级要恰当沟通，对同事要理性沟通，对客户要用心沟通……很多企业沟通不畅，是因为没有用对沟通方式，缺少必要的反馈机制。永远切记：沟通不是一般意义上的说话，不是简单的传递情感，表达思想。沟通不是为痛快服务而是要为结果服务，没有结果的沟通不如闭嘴不言。

"畅通成就伟业，协同创造价值"。组织里需要相互配合，协同作战，一个人单枪匹马、赤手空拳是无法笑傲江湖的。而人多也不意味着就有战斗力，团伙不是团队，不善于沟通的团伙就是乌合之众。在组织中，假如沟通反馈没有做好，一些工作，极易在出现问题的情况下相互扯皮，甚或不了了之。

(2) 对下属工作的指导和培训

管理者的"口勤"，也包含了对下属工作的指导和培训。调整下属的工作状态，培养下属的动手能力，以及纠正下属的行为偏差等。

如果把培训仅仅理解为授课，那是形而上学。现代企业管理中，提倡走动式管理和现场管理，培训可以随时随地开展，而不是拘泥某种形式。

温国辉说：一个人，能培训多少人，就能管理多少人。一个不能让下属得到成长的领导是不称职的。要想带好队伍就必须做好指导。而"口勤"也必须讲求方法。你要传递一个明确的信号，你指导员工是为了帮助他们成长，是对他们好，而不是为了自己"升官发财"。

3

手勤。

"手勤"就是动手去做,主动去做,养成动手的习惯,而不是待命或是需要监督。特别是分内的事务更需要"手勤",需要按时按质按量地完成。

温国辉说:"易弃之物,信手整理;易忘之事,随笔记述。"目标再远大,不落到实处也毫无价值。事情不做很难知道行不行。

"二八法则"是有道理的,比如成交率,虽然各个行业不同,不同的市场不同,但通常来讲,见100个客户也就成交20个左右。如果你终日想着有80个客户不能成交,于是你就不去见客户了,那么那20个可以成交的客户也会因此葬送。

做任何事,在没有拿到结果之前,你恐怕是无法知道成功的概率的。你需要"手勤",并养成良好的工作习惯。你可以回想你的平生,你过去所做的事情,纵使当时没有拿到理想的结果,它们对成就你的今天也有着至关重要的作用。"成功是奋斗出来的",你需要放手一搏。

4

身勤。

身勤就是"挺身入局",将自己处于奋斗之中,全身心地投入"战斗"。"吃得苦中苦,方为人上人",你需要投入你的全部情感、劳动、时间和精力,把你从事的工作看成是你应该做的,必须全力以赴要做好的,全神贯注地投入,你才不会感到疲惫,你才能得到上苍的恩惠。

认真是"身勤"的要求之一。

天下的事就怕"认真"二字！认真做事可以把事情做对，用心做事可以把事情做得更好。卓银万家的员工做事非常讲求认真和用心，所以才具有今天叱咤农资的"江湖地位"。

"身勤"的第二个要求是投入。

投入情感、时间、精力，甚至是钱财等。投入会让你在遇到困难时用尽全力，破釜沉舟，背水一战，战胜困难，赢得成功。因为你需要捍卫你的领地，捍卫你的尊严。

卓银万家不缺少这样的场景：业务员为了拿下客户而鏖战到凌晨，客户最终被他们的敬业精神所折服而合作。他们披荆斩棘，他们披星戴月。为什么达成了合作的目标，因为他们投入了，"功夫不负有心人"。因为他们在用生命卖好产品，他们是农资江湖英勇的斗士。

卓银万家也不缺少这样的场景：客户受灾，全公司出动，在子夜时分，冒着大雨前去救援，为客户抗洪抢险，客户因此感动。从此，关系更加紧密，合作愈发愉快……卓银万家关于"身勤"的例子不胜枚举，所有这些都彰显了投入的价值。

"身勤"的第三个要求是持之以恒。

很多时候，挫败不是因为办法不对，而是投入量没有达到。这就像是吃药，药剂不够就无法药到病除。做一件事情，每个人都会遇到枯燥、无助、孤独、艰难、挫折……路漫漫，这是求索路上的常态。为什么有的人成功了，有的人却是失败。其实，成功的人选择了不折不扣的坚持。这个世界没有上帝的宠儿，宠儿只是因为坚持感动了上帝！

5

心勤。

(1) 勤于思考

在面临工作任务时必须多思考。正所谓"三思而行,无所不能!"追求目标的路上,你需要不断地问自己:"工作的最终目标是什么?""为什么要做?""应当用什么办法去达成?"

你不要钻死胡同,你要分析你的方法是否可行。目标决定做法,目标不清晰,方法就不会到位。勤思考还要会思考,你要观察那些成功人士是怎么做的。比如,在农资行业,有很多人跟温国辉学习,他们也取得了不小的成功。

再以销售为例,销售人员,在与客户交谈时,客户说钱不够,客户的钱就真的不够吗?背后未必是钱的问题。再譬如,一个员工常常迟到,他就真的是喜欢迟到吗?可能是,也可能不是。也许是他对企业或是工作心存不满,以此宣泄。所有这些,林林总总,你需要"跳出问题看问题,跳出指标看过程"。

(2) 多学习

学习可以提升职业技能,塑造职业心态,甚至挖掘职业潜能。学习的价值无须言表。学习不能被动学习,而应主动学习。纵观天下,这个世上没有"应该"二字,你需要对你自己负起责任。不要总是试图等着领导叫你做这做那。

"基础不牢,地动山摇"。基本功不扎实的人谈成功等同于天方夜谭。这个世界,竞争无处不在,当你原地踏步时,别人必将领先一步。人生天地间,需要成就自己的伟大。

小米创始人雷军曾说过这样一句话:未来的一年当中,连睡觉都是浪费时间。温国辉更是说过：通往成功的唯一途径就是勤奋，包括勤奋学习。否则，你只能看别人的传记，无法创造自身的传奇。

6

韶关团队 2016 年完成全年任务目标，并比同期增长 500 多万元，创造了生物菌肥单品销售位居韶关地区农资榜首的佳绩。

成功一定有原因，这个团队是怎么做到的呢？

首先在年初，该团队就制定了明确的目标。包括：年任务量、季度任务量、月任务量。任务量分别是多少一目了然，而且落实到了各个区域。同时，要完成这些任务需要多少人力，需要开展多少场活动，需要什么样的资源等，罗列得都十分详尽。

当目标清晰后，该团队通过研讨，分析销售任务完成的过程中可能会遇到的问题，并提出了具体的解决方案。同时，在操作层面，团队主管不断加强基层员工的工作培训与指导，督促团队成员努力完成工作。

该团队每个月根据需要不定期开展三会：技术讲座、观摩会、示范等活动。开展每一场活动都竭尽全力做好事前、事中、事后工作，确保每一场活动都能取得预期的成效。

（技术讲座）

（技术讲座）

通过这些活动,带动了产品方案的推广,提高了果农种植管理水平,做到理论加实践共同提升的模式,从而达到"三高"管理目标。

另外,在任务执行过程中,该团队不断进行总结、思考,对出现的问题不断进行优化改进,在任务没有达成时,检查是否做到全力以赴,是否认真。

韶关团队的业绩,离不开对于"五勤"的充分理解和有效运用。实践证明,"五勤"有助于执行到位,达成目标,确保成果。

四、沟通

温国辉说：好口才必须注重实用性。沟通到位，事半功倍；沟通不行，万事皆停。

卓银特色沟通方式——"夜总会"。

卓银万家为"夜总会"重新定义。不是去夜总会放松心情，而是为了达成目标，夜里总是开会。大家对"夜行军"三个字一定不会陌生，卓银万家的"强军活动"恰恰是在夜里进行。

2011年，卓银万家在仅有十几个业务员的情况下，销售额突破了2亿元关口，单一叶面肥销售额就达到了5000多万元，这在业内是一个奇迹。

天下没有无缘无故的成功。卓银万家的员工除了"走遍千山万水，想尽千方百计，说尽千言万语，历尽千辛万苦"外，每个星期五都进行必要的周总结会。总结本周的成功之处和所遇到的问题点，公司全员在问题上聚焦，集思广益，各抒己见，对不同的问题进行充分的研讨，探讨切实可行的应对策略。通常情况下，每个问题都可以找出不少于10条的解决措施，最终选择最优的落地方案。这样，每个业务员带着解决方案、针对工作目标下市场，大大地提高了业务人员的工作效率。

有时为了解决业务人员下乡遇到的问题，开会开到凌晨两三点钟是常事。但大家都不会感觉到疲惫，因为当心中问题通过沟通得到有效解决后，大家的心情非常舒畅，甚至兴奋。温国辉说：过程肯定是辛苦的，但大家没有抱怨，因为大家的方向是一致的，大家都有发展自己和成就中国农业的梦想。

"夜总会"成就了卓银万家。付出与成果是成正比的。"功到自然成",2011年,所有业务员共同创造了辉煌的销售业绩。与此同时,每一位业务员也都实现了各自的理想。除取得了令人振奋的物资需求外,也赢得了各自的生命尊严。

与善人居,如入芝兰之室,久而必香;与恶人居,如入鲍鱼之肆,久而必臭。

五、决心第一，成败第二

温国辉说：情往深处走，爱往低处流。成功冲动不为奇，放眼天下，人至贱则无敌！

2018年9月，在卓银万家梁家河的培训基地，温国辉与二十余名新员工同吃同住。他谦逊随和，谈笑风生，与团队成员打成一片。新员工们在他的姿态中找到了家的感觉。如此这般，属实不是一般的大老板能做到的。你可能会说："作秀谁不会呢？"问题是：你可以一天作秀，两天作秀，你能一辈子都在作秀吗？"窥一斑而知全豹"，这仅仅是温国辉工作状态的一个微不足道的缩影。

决心谁没有呢？决心谁没下过呢？问题是你是怎样对待你的决心的。决心需要坚持，就像《西游记》中的唐僧团队，对使命矢志不渝地坚守。唐僧是怎样取得真经？修成正果的？九九八十一难！哪一难不需要握着拳头？哪一难不需要咬紧牙关？哪一难不需要从容面对？路在何方？路在脚下！纵观古今中外，大量的经典案例不止一次地告诉我们：成功需要决心，需要不畏寒暑，需要"经风雨见世面"，需要毅力，需要恪守。如果你只考虑成败问题，忽略决心，你将一无所有。

因为决心，74岁的褚时健可以东山再起；因为决心，董明珠可以像温国辉那样到食堂排队去吃工作餐；因为决心，失去下半身的约翰·库提斯可以活跃在三尺讲台，以实际行动告诉人们"这个世界上没有什么是不可能的"。

卓银万家从小到大，从弱到强，就是因为卓银人心怀梦想，面对目标，有着非同凡响的决心和勇气，他们不畏艰难，不忘初心，砥砺前行。如果你问温国辉："这些年，卓银万家成功的诀窍是什么？"他一定会掷地有声地告诉你："别对自己说不可能，去做你下定决心去做的事！"这个回答，褚时健会告诉你，董明珠会告诉你，约翰·库提斯会告诉你，唐僧还会告诉你……和温国辉一样成功的人都会告诉你。因为，他们知道，什么叫作真正的情商，真正的智慧！

1

习主席把心留在了梁家河，卓银万家把技术留在了梁家河。

2015年2月，国家主席习近平再次回到梁家河村，当他听说木军塬上种起苹果，收入可观时，坚持要去看一看。木军塬是梁家河村较远的一块地，当年送一趟粪需要一两个小时。那时"一颗汗珠摔八瓣""种一帽壳篓儿，收一鞋壳篓儿"的土地，如今种上了苹果，给他昔日的"小伙伴"带来了丰厚的回报。当他确认乡亲们过上了好日子的时候，他舒心地笑了。

温国辉说：习近平主席说"小康不小康，关键看老乡"。怎样帮助老乡致富呢？我们卓银万家认为关键靠农业生产技术，靠田间种植管理，靠好产品好服务。因为习主席，我们来到了梁家河；因为责任，我们下定决心为梁家河农业大发展出力。

卓银万家的田间管理技术是接地气的技术，是实用的技术，是可以真正转化为生产力的技术。多少个日日夜夜，温国辉不厌其烦地教导公司的技术人员，精雕细琢课件中的每一个文字，他强调精湛的技术容不得半点马虎。他说"马虎"这个词特别的有意思，马在前边，虎在后边，如果马虎，马就会被虎吃掉。为了提高公司技术人员的专业，他奉行"请进来，送出去"的人才发展计划，收效甚好。同时，卓银万家的技术人员不是关起门来研究学问，他们不会闭门造车，他们在战斗中学习战斗。

精湛的技术成就了卓银万家的强大。2018年9月，温国辉在梁家河组织"群英会"，遍发"英雄帖"，内容如下：

聚英雄，谋大业，展宏图

红旗招展中国梦，披星戴月梁家河。
主席七年宝锋出，卓银圣地产硕果！

值此初秋9月，"梁家河苹果开园节"到来之际，卓银万家温国辉携全体同仁诚邀各路大伽前来参观，莅临指导！

这将是非同寻常的心灵之旅！让我们不忘初心，重温中国梦缔造者的七年知青岁月！

这将是别具一格的文化体验！陕北农村的红色、纯朴，将给你带来史无前例的人生震撼！

这将是一次超越友情的相知相聚，我们将一同品味陕北黄土地滋养的革命圣果！

……

请来梁家河！请来梁家河！请来梁家河！

请来检阅卓银万家，振兴中国乡村事业的矢志不渝的三农队伍！

让我们一起：谋取大业，延续友谊！

让我们一起：不忘初心，砥砺前行！

让我们一起：相互帮扶，振翅腾飞！

这次开园节，来了很多业界的大咖和跨界的朋友。来自五湖四海的客人共同见证了卓银万家的"依托技术，深入基层，呵护作物，造福土壤"的工作路线，共同见证了别有洞天的卓银万家。恰是：游戏人间总孤单，农资江湖血染天，四方豪杰齐聚义，一把好肥撒人间！

只要有决心，黄土地里产黄金；只要决心在，前途不会坏；发展靠决心，善果因善因。

2

不抛弃、不放弃，马拉松是人就行！不在于成败，而在于决心。

相信很多人都没有参加过马拉松。2018年6月17日晚上8点到18日早上4点，卓银万家全体员工在参加完五天四夜的内训后，在掌舵人温国辉的带领下，从佛山三水到广州花都湖畔大厦，徒步完成了38公里马拉松，全程无休息。

听到徒步马拉松，我相信每个人的反应都是不一样的，有人兴奋，有人震惊，也会有人恐惧。因为从来都没有参加过，这无疑是一次空前的挑战。当然对于懦夫而言，挑战将是他们一生的遗憾。

这是一段艰辛的路程，全体员工在相互鼓励与帮助下，都出色地完成了近乎不可能的挑战。因他们心中有一个共同的信念：

坚持到底，不抛弃不放弃。最终，他们凭借决心、坚韧、信念，完成了这次史无前例的挑战。

世上，没有砸不开的碉堡，没有飘不起来的气球，心中无敌自当无敌于天下！

六、结果第一,理由第二

温国辉说:愿意挑战的人总有办法,试图安逸的人总有理由。诸葛亮从来不问刘备,为什么我们的箭那么少;关羽从来不问刘备,为什么我的士兵那么少……他们面对结果,懂得方略,力求创造。

1

有工作没努力等于零。

"只有主观的理由、没有客观的借口"早已是人们耳熟能详的佳句。然而,把这种观念化为实际的执行力,具体落实到行动中却不是每个人都能做到的。这个世界上,有业余选手和职业高手之分。

温国辉说:职业高手之所以能够成为职业高手,就是因为他们锁定目标,矢志不渝,执着前行。"千磨万击还坚劲,任尔东西南北风!"

工作中,"先做人再做事"被一些员工用坏了。有些员工以为这是处世之道,于是变得十分的"世故",结果也出了不少的"事故"。"先做人再做事"的本意是让人学会珍惜,学会感恩,学会与人相处,从而更利于工作的有效开展。"千里之行,始于足下",有工作没努力等于零。做工作就是做结果,秉承"结果第一,理由第二"的人,才会笑到最后。

有了工作,如果不加以珍惜,"金饭碗"也会变成"泥饭碗"。

别说你非常厉害，拿出组织想要的结果来！能拿出组织想要的结果，是一种情商，更是一种智慧！

2

有能力没表现等于零。

放眼天下，每个人都有自己的长处。一个人只有知晓并发挥所长，让自己的价值得以展现，才能获取更大的发展机会。所以，如果你自认为自己是一匹"千里马"，请先"日行千里路"，"是骡子是马出来遛遛"，天下伯乐的眼睛不都是瞎子，你有能力，伯乐自然会出现。

"垃圾是放错地方的财宝""所有的成功都是优点的发挥""能力说到底是一种匹配度""企业要懂得用人所长"……一个员工，只有他的思想行为和语言与他所从事的工作高度匹配，才能产生高绩效。

千万切记：潜在优势只有发挥出来，才能成为优势，否则就会变成包袱。

3

有计划没行动等于零。

计划只是执行的前提，而行动才是执行的真谛！如果计划不能通过行动去实践与总结，任何完美的计划都只能是一个永不能实现的童话。

温国辉说：一块普通的石头，之所以能够在水面上飞快地穿行，源于执行的速度。要得到女孩子的心，先满足女孩子的胃。你只知道满足自己的胃，你怎么可能得到女孩子的心。

在我们农资行业，不乏有这样的例子。有些企业总是力求将方案做得尽善尽美，无懈可击，结果却失去了市场机会。创新的关键不是制定多么完美的方案，而是即刻行动，走在别人的前边，保持竞争的优势。

4

有机会没争取等于零。

"授之以鱼，不如授之以渔"，工作绝不是"用时间换薪水"。比如，市场上涌现出的种种机会，恰恰是培养和锻炼营销人员能力的天赐良机。

人的一生都需要争取机会、创造机会、把握机会！成功其实很简单，只需要比别人多想一点、多做一点，多抓住一些机会，多创造一些成果。

5

不为生死，只为结果。

2016年6月，韶关柑橘区进入秋肥推广关键时期，特别是仁化县，作为柑橘种植最密集的区域，各大厂家、同行、竞争对手，都通过各种活动方式吸引果农，请吃饭，搞促销，竞争十分激烈。

面对白热化的市场，如何在这次秋梢战役中取胜？

卓银万家韶关团队经过探讨得出"作物战"方案：各区域制

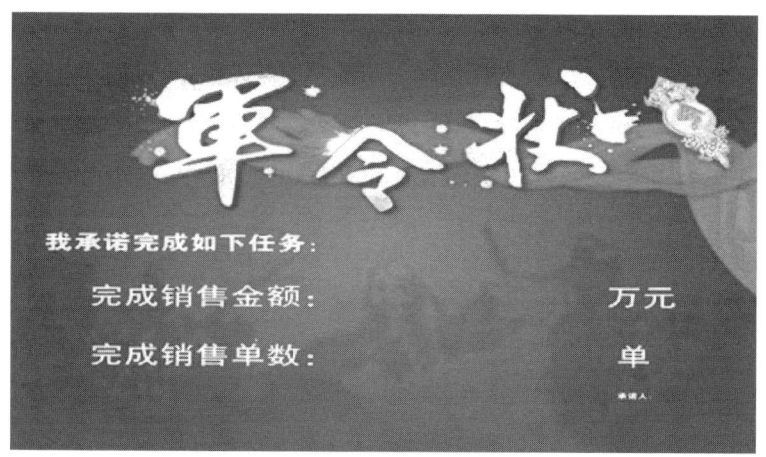

定各自作战计划,参战的人员签订奖惩军令状。

当时仁化县目标是 500 人,整个县城有 6 家核心门店,相当于每家门店至少需要 80～100 人,才能完成任务。区经理和团队接到任务后,第一时间就和店长沟通活动方案以及相关政策。技术人员协助店长走果场,亲自到农友家里去邀请他们参加技术交流会。通过近半个月的努力,成功完成任务,获得公司现金奖励 3000 元 + 笔记本电脑一台。

对于其他未完成的区域,公司则按照"军令状"做出相应的处罚。

市场不分好坏,没有哪个市场是好做的,在激烈的竞争面前,所有人都面临重大压力。有些人能坚持下来取得最后的胜利,有些人忙着找借口为自己开脱责任。也有员工认为"我付出了很多,没有功劳还有苦劳,完不成任务是应该的,公司不体谅我,还要处罚我,为什么?"

温国辉说:不为别的,我们签订"军令状",不为生死,为的是结果。功劳永远比苦劳更加重要,只有结果才是企业永续经营的基石。

　　通信不努力，成就了微信；商场不努力，成就了淘宝。借口把绝大多数的人挡在了成功的大门之外，百分之九十九的失败都是因为习惯于找寻借口。在追求事业成功的道路上，最为关键的一条是：防止自己找借口！

七、盈利是企业的生存之本

温国辉说： 企业只有盈利，才有生存下去的理由。做企业，天使也要盈利，不盈利就不是天使，而是鸟人！

1

温国辉说：在企业运营的过程中，我信奉如下捕获利润的执行秘诀：全体员工的工作目标都是盈利，员工要成为盈利人。利用各种办法控制成本，开源的同时要做好节流。企业要与员工利益共享，风险共担，可以基于不同的情况安排不同的权重和比例，必须不停地创造新的盈利增长点。

销售人员的盈利情况很容易评估，但生产人员、间接工作的成员怎么判断他们的工作有没有盈利呢？直接盈利者后面一定有人支持他。假如这些人支持他，他就盈利；不支持他，他就不盈利。所有人的工作只有对前线盈利有帮助，工作岗位设计才算是合理的，否则就应该把这些岗位撤掉。

大家知道刘翔是怎么获得奥运会冠军的吗？他训练有绝招：教练用摄像机把他的动作摄下来，而后跟他一同剖析。

"小刘呀，你看这个动作是帮忙前进的动作，叫作正动作。不帮忙前进的动作，是零动作。阻拦前进的动作，是负动作。正动作要发扬，负动作和零动作须戒除。"

改完就练，一练就拍，拍完又改，如此不断精进。刘翔的悟性很高，他把所有的零动作、负动作都戒除了，再加上他良好的体能,奥运冠军就拿到了。

企业里,假如停止某个工作,萌生了不良的效果,这个工作本身就是正工作;假如停止某个工做,没有任何后果,这个工作就是零工作,干脆这项工作就不要做了;假如停下来某个工作,反倒有好的效果出现,这项工作坚决不能做,因为这项工作是负工作。任何企业里的工作都有负工作、零工作,它们对利润是没有帮助的,应当去掉。

温国辉说:企业发展,如逆水行舟,不进则退。没有哪个企业能够守住自己的现状,要想不死,就得创新,有了新的盈利点,利润才能创造出来,这是利润的执行要领,是企业基业长青的保障。

2

偷减步骤必然失败,因此企业必须加强执行力,毕竟盈利才是企业的生存之本。

卓银规定没有通过培训及考核的店长,坚决不能开店。这是卓银万家服务质量的重要保障,也是公司能长足发展的内在实力。做这一切,不仅为了维护公司的品牌形象,更是对广大农友全面负责。

但在公司起步之初,还是有过这样的疏忽,甚至还曾导致公司出现过严重的问题。以至于当地的市场渠道好几年都没有拓展开来,人员的斗志丧失殆尽。比如象州大乐店和怀集店,当时的两位店长没有经过任何培训和考核,就直接上岗就职,店内的老员工也觉得非常突兀。而且两位店长在工作期间,其业务水平完全达不到标准，使得两处分店的运营处于十分涣散的状态，店员的精神面貌十分萎靡。

后来经过公司高层了解，才得知那两位店长因与时任高管有私人关系，甚至请过高管喝酒吃饭。故而高管对他特殊照顾，不顾公司条例进行违规操作，直接聘任他们担任店长。这样因私放水的后果，不仅导致卓银万家在当地的市场口碑大幅下降，也使得广大农友遭受了重大损失。更是直接导致服务店开业不到一年，怀集店店长因为运营不下去，便私自带头跑路，随后大乐店也由于类似问题，加上员工对公司失去了信心，不久也跟着倒闭了。

经过这样的打击，温国辉深刻认识到公司必须严明规章制度，并且要全面贯彻落实，绝不能出现任何的漏洞与违规操作。尤其在人员考核方面更是如此。否则将会给公司带来巨大的损失。温国辉组织管理层进一步完善了公司的考核体系，督促员工在工作中坚决不能偷减步骤，要脚踏实地，一步一个脚印。员工也深刻领会到了他的良苦用心，象州大乐店和怀集店的现象至此再没有发生过。

"天下熙熙皆为利来，天下攘攘皆为利往"。利润是企业的生命，没有利润，就没有企业，更没有企业的社会效益。

八、创新力

温国辉说：明天的文盲将会是那些不会主动寻求新知识的人。

创新求变，卓银一路前行。

很难想象，今天叱咤风云的卓银万家，当年只是一个种子门市部。之所以有今天这样的成就，是因为温国辉不断地在发展的过程中创新求变。

卓银万家的发展轨迹十分清晰："采购产品——代理产品——贴牌产品——研发产品——生产产品。"天下的路没有好走的，天下的路都是走好的。经风雨才能见世面。卓银万家的彩虹不是平白无故地挂上去的。"基础不牢，地动山摇"。卓银万家的每一步走得都非常的坚实。

公司研发团队不断学习创新，做实验，不断调整配方，终于研发出了新一代全元素功能肥"满汉全席"。在这个过程中，卓银也曾收到过农友的投诉，表达对产品的不满，如板结、水溶性不好等问题。为了实现产品升级迭代，精益求精，解决市场推广难题，公司研发团队根据农友反馈的问题不断去调整、优化和升级配方，经过多方验证，终于有了突破性的进展，成就了今天"满汉全席"的江湖地位。

温国辉说："人在江湖，江湖上总会有关于你的传说。"这里的"江湖"就是我们的市场，"传说"就是我们的品牌。只有迎难而上，不断创新，企业才有活路，"成功是奋斗出来的"，我们需要"撸起袖子加油干"。

第五章 推动执行

肥料发展	代表作	性能特点
第一代肥料	氨水	优点：生苗 缺点：含量低，运输麻烦，安全性低
第二代肥料	磷铵 磷肥	优点：含量中等，安全性中等，运输方便 缺点：易烧苗，流失快
第三代肥料	尿素 钾肥 二铵	优点：含量高 缺点：营养单一，需混配使用
第四代肥料	BB肥 复合肥	优点：使用方便，解决产量问题 缺点：品质差，产能低
第五代肥料	大中微量元素水溶肥	优点：多元素、多功能、多用途水溶肥

九、执行溯源：积极主动

主动积极的人有选择的自由，并对自己的行为负责。"天龙八步"重在执行。温国辉认为执行的关节点就是积极主动。

1

主动出击，销售冠军的成功之路。

卓银万家新丰县沙田店于 2016 年 6 月加盟卓银。店长并不是本地人，他在刚进入这片市场的时候人生地不熟，可以讲一点儿市场基础都没有，所有的一切相当于从零开始。当时店长考虑过如何去快速破局，一开始试图通过新店开张促销活动吸引农户，但效果并不理想。只有小部分果农到店里购买了产品，大部分果农抱夹观望，并不买账。靠一般意义上的促销等着客户上门购买并不奏效，生意处于不温不火的状态。

卓银技术员见状，及时和店长沟通，做他的思想工作。技术员开门见山地说："这是一个坐商向行商转化的时代。果农最需要的是技术支持，要想发财赚钱，必须主动下乡到果场中去，帮助果农发现问题，解决问题，这样才能赢得他们的认可和信赖，达成销售的目标，获得利润，实现成功。"

店长觉得有道理，从此以后，基本上每天都积极下乡和农户沟通，靠着专业的技术知识和科学的管理方案，通过三个月的不懈努力，就有大量果农来门店购买产品，生意一下子火爆了起来。

2018 年 3 月，门店当月营业额达到 35 万元，半年销售额突破了 100 万元关口，创造了当地连锁店销售的新纪录。因为从"坐商"到"行商"的有效转变，该店从"门可罗雀"变成了"门庭若市"。

人非圣人，极易回归到本性上去，比如贪、懒、赖等。毫无疑问，对农友促销，省事、省力、少担责任，但结果事与愿违。只有回归初心，主动上门服务，解决农友面临的实际问题，才能达成预期的目标，获得更大的发展。

 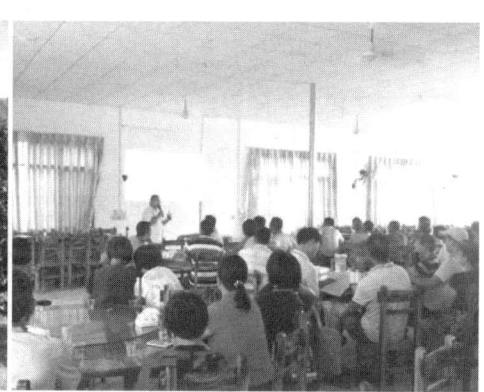

2

农友是最好的老师，田间是最好的课堂。

2012 年，卓银与华南农业大学组建了一个"卓银班"。其间，一批二十多人的大四学生，"踌躇满志"地进入公司实习。

起初学生们一个个自信心爆棚，朝气蓬勃，对于普通员工甚至表现出倨傲的态度。经过短暂的接见，公司领导安排学生们到门店支持工作，同时学习店内的管理流程以及运营模式。然后，派遣他们到田间地头为农友提供服务，一边向农友提供学校所学到的专业知识，一边向农友们请教实地种植的经验。

可是，半个月之后，双方怨声四起。店长投诉实习大学生到店里支持工作，却什么实践技术都不懂，使得店员一边要完成店内的工作，一边还要应付这些名牌大学生的骚扰；农友则投诉这些下乡大学生，来到果园"一问三不知"，什么农资常识都没有；实习生则投诉，在公司半个月的实习，并没有发挥到"高才生"的价值，这种活动对于他们的学识，简直是莫大的浪费。

因此，陆陆续续，二十几个人相继都离开了公司，并且给双方都留下了较差的印象。

事后卓银进行了检讨反思：这次尝试，主要是过于高估了大学生的实践能力，草率地派他们直接上了战场，没有结合实际，做好他们合理的技能培训，造成了适得其反的后果。

毫无疑问，大学生是国家的未来，大学期间学的较为完善的思维体系、方法论和一定的专业理论知识，必将推动国家的发展和社会的进步。同时，大学生也需要做到"软着陆"。在事业上具有"归零心态"，努力学习最基础的社会常识及农业基本功，才能更好地发挥大学所学，成为专业人才，成就精彩人生。

这件事情过后，温国辉要求：公司进来一批实习大学生，必须先学会主动给店长扫地、打水、搬肥料；到田间地头主动告诉农友自己是来学习的，技术经验相对匮乏，是来请教的——绝对不是"大言不惭"的指导。只要主动帮农友搬肥、打药，农友的问题如不能解决，要将问题采集回公司，让有经验的老师对其进行指导和培训。

自此，卓银形成了一个不变的标准。公司新人入职，无论是推广员、经理，还是总监，业内人士还是业外能人，都需要到一线果园去锻炼学习。从学习施肥、打药开始，从除草、修剪学起。再高的学识，再高的职位，都要重新归零，重新上路。

3

放下架子，拉下面子，用心去做，能力靠结果说话。

曾经有一位农业大学的博士生学成归来，回到家乡，许多农友都来向他请教种植问题，但是他只是照本宣科，对于实际的农业问题并没有真正解决，使得很多农友都败兴而归。后来这位博士生也自己创办了果园，结果没多久，果树大面积死亡，导致博士生血本无归。

这时他了解到家乡有一位双胞胎兄弟，虽然文凭很低，但是在种植果园上很有成就。于是博士生终于放下架子，拉下面子，前去向双胞胎兄弟请教。但得到的回答是，任何问题都不能"纸上谈兵"，要通过实际经验加以总结，一步一个脚印，尤其像农业这行，必须要在田间经过大量的摸索，通过身体力行，才能达到理想的效果。

博士生听完深有感悟。为了放下自己的架子，他先到农村养了一个月的猪，这同时也锻炼了他吃苦耐劳的精神。后来经过一番刻苦的摸索，博士生的果园终于迎来了大丰收。

农业是一门实践科学，不能"纸上谈兵"。"没有调查就没有发言权"，同样，没有实践也要学会闭嘴。只有身体力行，推动执行，不断实践，才能成为天龙，迈开大步，腾云驾雾。

推动执行

天龙物语

执行就是烧开水的火力,没有执行,水温可想而知。要想做好农资连锁,你需要观察你的团队,测评你的团队,优化你的团队,打造你的团队。不折不扣地推动执行,告别执行低效和负效,使你的团队成为钢铁之师,虎狼之师。只有这样,你才能够守住你的领地,并且不断开疆拓土,迎接旭日阳光,迎接紫气东来。

IMPLEMENT

第六章 检查奖惩

导读

一、可视化

二、制定奖惩制度

三、评估

四、适度

五、胡萝卜加大棒

六、到位

七、考核

八、事前、事中、事后

九、检查奖惩溯源

第六章 检查奖惩
CHAPTER 6

温国辉：纵观天下，人在检查与奖惩的管控体系下才能产生高绩效。只有有效的检查，员工才不会拿假结果换取真钞。奖惩不能想当然，一切要以机制的方式加以推动。卓银万家的成功就是深谙此道。

一、可视化

温国辉说：有人努力找捷径，我们努力不找捷径。投机取巧的企业是不长远的。

1

可视化说白了就是"看得见"，但可视化又不仅仅是"看得见"。你需要将你所期待的目标，描绘出一番实现了的景象，并且假想它已经实现。

比如，一个男人，为什么会去追求一位亭亭玉立笑靥如花的妙龄女子？一定是浮想联翩的东西在他的脑海里不断地翻腾。那种翻腾的东西就是可视化的内容。于是他开始发动猛烈的追求攻势。

公司员工如果都能利用这种场景化去工作，像追求美女一样锁定目标，猛烈进攻，结果可想而知。同时可视化是可以做到有效检查的，你浮想联翩的东西是否实现了，你将一清二楚，组织亦然。

温国辉说：组织管理者需要把可视化定义为组织成长的模式之一。让它成为每位员工的潜意识。当个人的头脑映出完成结果的美好景象，"组织头脑"映出实现愿景的景象，这个企业一定是蒸蒸日上、欣欣向荣的企业。

2

团队大了,最大的问题就是看不到问题。无论你的企业规模如何,效益怎样。借用管理工具,以标准化的方式,确保可视化的落地都是极为必要的。

企业应该清晰地知道,团队中的每一位成员每天在做什么。你需要了解他们工作的状态和检查他们的工作成果。当然,你未必采用"人盯人"的战术。你可以从制度上的设计去考量,利用管理工具去实现。

温国辉说:毫无疑问,掌握团队的行踪是重要的。当团队成员晓得他们"可能会被瞧见"时,他们执行的效率和质量,都会因此有所提高。道理很浅显,做得差的能够感觉到他活在老板的眼皮底下,这将使他们慎重行事;做得好的更希望得到老板的赏识和认可,他们非常乐意展示他们的工作成果。

3

可视化的做法是为了目标更加明确,实现以终为始,同时确保检查更加清晰准确和到位。卓银万家的企业管理,包括工作流程及检查指引,处处都体现了可视化的模式应用。

比如新入职的业务助理,从下乡的那一刻开始,就已经明确好了自己的工作目标,从做好门店货架的陈列和门店卫生的管理,再到案例物料的更新,农情提示的提醒,围绕店前、店货架、店四周、店地面可视化的检查,达成怎样的结果,都悉数在列,牢记于胸。而结果做得好与差,对照标准一目了然。

2016年英德成才店

（陈列前）

（陈列后）

4

2015年5月，清远地区连续下了三天两夜的大暴雨，导致低洼的乡镇大部分出现水浸。当时，卓银万家第一时间通知所属地区门店，注意洪水灾害，并且做好防汛工作，并且安排专人排查。

当灾害发生时，公司组织全体员工奔赴"灾区"，以小组形式第一时间抵达现场，并且做好物资的转移工作。灾后迅速统计损失情况，帮助受灾门店复工，并且帮助农友做好灾后再生产工作。

据统计，当时沙河地区受灾作物达近万亩之多。卓银公司开展了"见真情，表爱心，送温暖"活动，第一时间赞助价值10万元物资，帮助受灾农友尽快恢复农业生产。温国辉说："卓银情系灾区，我们鱼水情深。要知道：没有作物就没有农友，没有农友就没有门店，没有门店就没有公司！"

这次水灾事件，正是卓银万家"成就门店永恒不变，成就农友永恒不变，成就作物永恒不变"的可视化。

2015年清远水灾事件

（2015年沙河镇水灾后现场）

（公司员工帮助沙河店清理门前淤泥）

（帮助石潭店转移肥料）

（帮助沙河店开展灾后工作）

二、制定奖惩制度

温国辉说：害怕失去产生压力，渴望得到产生动力，无规矩不成方圆。

1

世上每个人都认为自己是对的，其实，这本身就错了！

有两家企业老总都坚持认为：自己崇尚以人为本，坚持赏罚分明。但在具体管理实践中，他们采用了不同的评价标准和奖惩办法，最终的管理绩效大相径庭，以至于形成完全不同的企业文化。

2

第一家企业，有10条生产线，效率不高，老总很不满意，要求生产部经理务必想出办法提高工作效率。

生产部经理抱怨自己既没有考核权，又没有奖惩权，员工素质低下又不听话，很难提高效率。老总认为生产部经理说得有理，于是马上安排人力资源部和生产部一起研究考核和奖罚管理办法。

首先，由人力资源部门协调生产部，制定了考核和奖罚制度；然后，人力资源部经理代表老总和生产部经理讨价还价，定出了一个生产线效率目标；最后，对10多条生产线的效率目标达成状况进行月度考核，并根据奖惩标准实施奖罚。达成目标的生产线奖励 1000～2000 元，没有达成目标的生产线罚 1000～2000 元。

一个月下来：只有少数生产线达成目标，拿到了奖金，多数被罚或者没拿到奖金。在员工的观念里，不奖就等于罚。生产部门和员工感觉吃亏了，要求公司调低考核目标，否则会挫伤生产工人的工作积极性。在管理者和员工的压力下，公司不得已调低了目标。

第二个月：考核结果出来了，多数部门达成目标并拿到了奖金。员工感觉不错，但公司老总心里不平衡，因此，协调生产部经理适当调高了目标。

第三个月：考核结果出来了，奖罚的生产线大致各半，大家以为这是一个可以接受的妥协方案。从此，这家企业就这样重复着自以为"有效"的考评和奖罚管理办法。

3

第二家企业，也有 10 条同样的生产线，老总认为，员工之所以没有积极性，是因为管理者缺乏足够高明的管理智慧。

所以请来了深圳某顾问公司帮助设计了一套十分人性化的奖惩机制，使得生产线效率得以持续提升。这套机制是这样设计和运营的：

首先，从效率、品质和安全等关键指标出发，制定月度评分、名次排序标准和办法。

其次，约定奖惩办法，对排名第一、第二和第三的生产线分别给予 3000、2000 和 1000 元的奖励，对排名靠后的两条生产线分别进行 20 元象征性的罚款，对连续两个月排名垫底的生产线处以 2000 元的罚款，必要时提请更换生产线线长。

有了这套机制的强激励和硬约束，整个团队焕发出了前所未有的工作热情，管理变得相对简单和高效。更为重要的是，管理者和员工开始了自主学习、自主改善和自主提升的努力，遇到问题不抱怨，不回避，动脑筋想办法改进自己的工作。

从强制"要我干"到激发"我要干"是企业管理的进步！

4

温国辉分析说：前者的做法在导入初期可以看到一些效果，但从人性出发分析的话，我们不难得出结论，长期如此考评和奖罚下去的话，不仅对引导员工改善和促进效益持续提升没有什么益处，还会养成不思进取和惰性的管理文化。

后者的做法要比前者高明得多。它巧妙地设计了一套变压力为动力的人性化 PK 机制，让先进的不敢懈怠，让后进的发愤图强，而且还可以养成持续改善和良性竞争的管理文化。可见，要让奖罚管理真正发挥作用，需要管理者拥有足够高明的管理智慧，制定科学高效的管理制度。

5

卓银万家的管理制度设计得是相当科学高效的。比如，公司通过考核制度，规范员工的精神面貌、工作行为，确保员工积极主动地工作；通过师带徒制度，让老员工带领新同事一起走过迷茫期，快速融入团队，提高工作效率；通过月度考核管理，让员工清楚工作重点，推动达成业绩目标；通过行程管理，稽查员工的工作情况，确保工作到位，不留盲区……

另外，卓银万家的监督委员会制度颇有成效。委员会由各分公司选出的人员组成，相当于卓银万家的"纪检委"。同时，卓银万家建立了有效的管控机制，推动员工相互监督，改掉缺点，发挥优点，实现共同进步。

三、评估

温国辉说： 没有检查和奖惩的目标到最后就徒剩空话一句，废纸一张。

1

对标准的检查与奖惩。

到过卓银万家考察过的企业家都知道：从卓银万家清远总部到广州服务店分部，从人事部到招商部，从研发部到仓储部，再到 200 多家连锁服务店，每一个工作环节都会伴随着精准的检查与有效的奖惩。

放眼农资行业，为什么会乱象横生，有"作业标准"，没有"标准作业"。这个问题主要出在了标准制定的合理性，与检查的力度与精准度上了。

在卓银万家，各个环节和细节都会通过标准进行必要的检查。当公司组织系统检查时，总能收到积极的反馈。相关部门负责人都会"气喘吁吁"地搬来一摞摞标准文件，并且如数家珍地一一展示。检查人一一核对，发现问题即时整改，同时对标准做得好的部门即时按照奖惩标准给予相应奖励。

温国辉说：工作要做好，离不开标准这把尺子。不论属下水准处于什么段位，他们必须掌握自己的相关标准。标准做得再漂亮，若没有检查与奖惩的机制加以推动，就发挥不出应有的价值，到头来，也只能是废纸一堆。

2

如何让你辛辛苦苦制定的标准不沦落为废纸呢？温国辉掷地有声地说：这需要做到"五字诀"，即：有、正、育、知、守。

"有字诀"指的是标准的有无问题。

作为标准，首当其冲地是有还是没有。公司应该成立标准委员会，推动公司的标准化建设。建立标准时，要依据工作程序做到专业、具体、简单和精准。标准通常需要涵盖内容、手续、办法、工具、周期、责任人等要素。

温国辉强调说：你不要总想着中了五百万以后，钱怎么花，你要先买张彩票才行！不要说你的公司干得不好，先看看你的公司的标准化建设得如何。

3

"正字诀"指的是标准的对错问题。

标准在设计之初，就必须充分考虑其适用性与可行性。建立了标准以后，也要根据情况进行相应的优化。世上没有什么是一成不变的，标准也不例外。标准优化时，需要公司相关各方对标准的优化草案进行必要的商议和评估，要综合各方意见，修改、完备标准。标准切不可贪多、贪大，要力求简单规范、切实可行，具备操作性。

4

"育字诀"指的是标准的培训问题。

一些企业,往往在标准制定后,直接将标准下发或者挂到墙上,甚至放到档案柜里,锁在抽屉里。这样怎么可能彰显标准的价值呢?这分明是为标准而标准。

在标准的制定过程中,虽然一些关键岗位的员工参与了标准的制定,但绝大多数人对标准的内容可能并无所知。切记:员工的标准培训至关重要,标准的要领要讲清、挑明,这是企业推行标准化的关键。

5

"知字诀"指的是标准的掌握问题。

企业需要确认员工知道标准,理解标准,能用标准。培训完了,工作并没有终结。公司需要组织必要的考试,检查员工对标准的掌握情况。

温国辉说他用过最笨的办法是组织公司员工进行大规模的标准考试，经过考试得分判定员工懂没懂，有没有掌握。这种形式尚有弊病：一是员工为了通过考试死记硬背，二是假如个别员工学历层次较低，懂了也写不出来，会导致测试结果失真。

温国辉强调说：考试的形式可以多样化。公司推行标准化，是为了员工能够按照标准操作执行，从而更有效率地达成工作目标，实现企业价值。所以，通常最有效的办法是，现场测试员工是否按照标准化作业，详细记录，对照标准，予以判定，即时肯定或整改。

6

"守字诀"指的是标准的恪守问题。

纵然上述各项工作做得再好，如果员工不能一如既往地用标准，那么标准到头来也只能是一个摆设。

温国辉说：只有经过不断督导和检查的标准，才能确保落地，发挥出标准真正的价值。员工笃守标准，是最终也是最为关键的环节，一些企业在标准化推进过程中，往往虎头蛇尾，结果导致不了了之，这是极度不可取的。这样做不仅会导致标准无法落地，还会伤害企业文化，导致企业败亡。

值得一提的是，不仅是工作标准的推动需要遵行"有、正、育、知、守"的工作方法，把工作落到实处，企业推行的诸如制度、流程、职责等，也需遵行此道。

7

2018年6月,卓银公司举办了夏季培训会议。培训会议特别安排了"民主生活会"。会上,每一位员工都当众讲出自身的缺点,然后由同事轮流点评。"知人者智,自知者明"。这是卓银员工"摒弃短视,发挥优势,思考精进,抱团取暖"的良好开端。

"只要开始,永过多不晚,只要进步,总有空间"。经过3个月的改进蝶变,到9月份再评估时,每位员工都得到了不同程度的改进和提升。员工们非常享受这次蜕变的过程。毫无疑问,没人愿意做"毛毛虫"。

"欲穷千里目,更上一层楼""不积跬步,无以至千里,不积细流,无以成江海"……在发展的过程中,卓银万家从来没有放弃过,对自身的检查与评估。公司就是在点滴的改进中,谋求最大可能的进步的。

(发现自身缺点)

(评估并改进)

8

芥末下午茶。

为了改善员工的心态,提高员工的能力,营造良好的学习氛围,提高全员无坚不摧的战斗力,卓银万家定期对员工进行集中培训。

卓银公司的培训,除了可以实现如上的功能外,还可以达到鼓舞士气、汇聚人心,全面提升卓银万家的品牌影响力,推动公司健康发展,整体精进的目的。

在培训的过程中,公司会组织一些竞赛活动,并匹配相应的奖惩规则,这有效促进了员工们参与其中的积极性,也制造出了"热情高涨,发愤图强,氛围浓厚"的学习环境。奖是认可是激励,惩则不是终极目的。一切为了培训的目标,为了学员受益,为了公司发展,为了行业精进,为了国家振兴。

卓银万家的集中培训,会组建团队进行分组pk。事前制定培训规则,公布奖惩标准,在培训项目开展的过程中,由授课老师或专业评委进行评估打分。比如员工上台进行关于拓展市场的分享,专业评委进行点评打分;比如让员工比赛俯卧撑,全员进行打气加油,会场气氛会推向一个又一个高潮……在这个过程中,既强化了员工之间的友谊,也愉悦了彼此的身心。

成绩出来后,优胜团队会被奖励非常丰盛的甜点,作为下午茶享用;落后的团队同样会奖励甜点,只是里面会加入少量的芥末,让员工在品尝甜点的时候,体验到芥末的刺激与辛辣。

在进行下午茶的过程中,优胜团队和落后团队可以相互交流经验,分享心得,点出不足,增进友谊,这对改进员工的工作大有裨益，对于公司的稳定发展同样功不可没。

如果有团队参加学习，在培训后没有达到公司的要求，高管就要带着队伍到人流量大的街道上，面对川流不息的陌生人群，一起大声高呼："我需要进步！"连喊30遍。或者顶着太阳竞走5公里，从而品尝失败的滋味。受惩员工可以借助这个"机会"，锻炼胆识与身体，这既符合公司培训的初衷，也为员工的进取加足了"马力"。

"我要进步"和"要我进步"不同，往往自发的惩罚更加有效。有心者必然知耻，知耻者必然后勇。卓银万家的芥末"下午茶"，为很多企业指明了一条促进成长的"通天大道"。

四、适度

温国辉说：鬼谷子讲"纵横捭阖"，做人做事要有尺度感，不能画蛇添足，也不能功亏一篑，要做到恰到好处！

1

人际吸引法则：通常中等频率的交往，人们彼此喜欢的程度更高。

温国辉说：重要的不是别人知道你，重要的是让别人喜欢你！影响人们彼此喜欢的因素通常有五点，即：熟悉邻近、相似互补、外貌形象、才能气质、品格品性。你必须深谙此道。

此下，我们重点分享第一点，"熟悉邻近"。

熟悉感与人们交往的频率关联密切。通常而言，物理空间邻近，见面机会增多，彼此容易产生吸引力。但是，交往频率与喜欢程度的关系是呈"倒U型"曲线的，过多与过少的交往频率，都不会使彼此喜欢的程度增加。切记：过度的关怀是骚扰，过少的关心是冷漠。保持适度的中等频率交往，彼此喜欢的程度才会更高。

譬如，朋友或者情侣之间，天天腻歪在一起，久了就会觉得太熟悉了，很没劲，心生厌倦。分开太长时间，又会淡忘，感到疏离。人们在生活中总结出的"小别胜新婚""远亲不如近邻"等，表述的都是这个意思。

孔子在《论语》中曾感慨："近之则不逊，远之则有怨。"

人跟人之间，就像两只刺猬，离得远，彼此无法取暖，离得近，又将相互伤害。这个距离，太重要了。请确信：天下的平衡都是动态的平衡。尺度拿捏得好，才有资格做领导。领导要做得好，尺度感同样不能少！

2

说服一个人的时候，不能用力过猛，否则适得其反。

说服一个人，在心理学上，叫作改变一个人的态度。态度是"个体对特定对象的总体评价和稳定性的反应倾向"。性格决定态度，对于一个成年人，性格和态度都是相对固定的。所以说服一个人，并不是那么容易的。

说服的效果如何，通常由四大方面决定：信息的传递者、沟通的内容、信息的接受者以及沟通情境。这里重点谈谈两个问题：

第一，通常唤起人们中等程度的畏惧情绪，说服效果最好。

一般来讲，畏惧的唤起能增强说服效果。但是，如果畏惧太过强烈，引起接收者的心理防御，以至于其否定了畏惧本身，那么，态度的转变就会变得困难。

第二，不能过于不厌其烦地劝说，否则会引起逆反心理。

沟通信息的重复频率和说服效果呈"倒 U 型"的曲线关系，重复频率过高或者过低，都不利于说服，中等频率的重复，说服效果最好。我们中国人中庸，中庸有中庸的道理。

纵观天下，每个人都是有逆反心理的。如果说服者过于强势，以高压的姿态威逼利诱接受者，或者说服者过于啰唆，每天如唐僧念经一般，接受者会产生逆反心理，所谓"过犹不及""物极必反"就是这个道理。而我们好多老板和管理者恰恰犯了这样的错误。

与人沟通的过程中，尤其要把握适度的界限。温国辉深谙适度的法门，并且把这种适度的沟通，不折不扣地带入到了自己的生活中，取得了积极的效果。

2017年，温国辉想带上小孩子去看望外婆，结果当时只有4岁的老三想待在家里不去，于是他决定教7岁的老大去说服老三。老大对老三说："看望老人家是表达自己的孝敬与感恩之心，只有懂得感恩的人才会有好朋友。只有懂得感恩的人才会获取别人的信任，有困难的时候才会得到帮助。同时，外婆家有山有水、空气好，我们只有运动才能强身健体，将来才能成为了不起的男子汉。如果不孝敬不感恩，你会被朋友抛弃，甚至被社会抛弃的，你想想，这将是一件多么可悲的事啊！"

同龄人之间是最好沟通的，老大简洁明确地指出了这件事的利与弊，最后老三被发自内心地说服了，甚至为先前的不懂事感到愧疚，然后他主动跟着大家一起，千里迢迢去看望外婆。

到了外婆家后，老三主动给外婆打水，给外婆整理衣物，而且还给外婆捶腿。外婆看着老三忙碌孝顺的样子，深深感到了老三的孝心，觉得他比以前懂事多了。温国辉看着老三，也不禁露出了欣慰的笑容。他心想："这孩子终于懂得了感恩，说不定以后能有大成就呢！"

温国辉没有自己去教训小孩子，他采取了借助第三方的方式。其实，这样的迂回策略，往往会产生意想不到的好效果。

3

无论做什么事情,只有做得恰到好处,才能收到良好的效果。这个"恰到好处",体现在唯物辩证法上,就是善于根据质和量的关系把握最佳的尺度。这就是政治学中所谓的"适度原则"。

如何做到适度?温国辉说:比如,公司的大客户,首先我会和他们认识,然后,保持适度的距离。保持一定的距离,才有威信。急于求成一定会事倍功半。在谈判中"主动就被动",这是常识。客户的需求不能凡事满足。谈判讲求的是"输者不全输,赢者不全赢"。"花未全开月未圆"是最好的状态。

2017年3月,卓银公司组织召开零售商会议,共同探讨"如何做好市场,减少赊销"的问题时,某店长上台分享说:"只要公司能够加大赊销的支持,绝对能够帮助公司创造更多的业绩。"当时温国辉现场就一口拒绝了这名店长,因为他知道赊销是一条死路。

农资人需要做的是服务作物,并不是靠赊销做市场。"当断不断,其乱自现"。温国辉不失时机地表达了自己的观点,赢得了全场绝大多数人的认同。在他经营的过程中,从来没有忘记"适度"二字。

(走访广西罗秀店)

(华农大学千人交流会)

温国辉每年都会走访一线的门店。和店长谈谈公司的愿景和未来,以及介绍公司新进的主打产品。通常董事长亲自到访,对店长会起到鼓励的作用。同时,店长也会先拉一批货,协同推广。谈深谈浅温国辉拿捏得非常准确,他时刻提醒自己"适度"。如今,"适度"已经成了温国辉的工作习惯。

五、胡萝卜加大棒

温国辉说：人之初，性本懒，要想好，制度管。

1

两手抓，两手都要硬！

温国辉说：管理无非是"管事理人"。在管理实践中，"理人"比"管事"更为重要。管理是一门让别人心甘情愿为你做事的学问。在企业的管理中，对于不同的情况和不同的人，要让他们帮你把事情做好，只需找到能够触动他们神经的那根弦就够了。

管理要实现其目的，倚仗的是对人们利益的调整，包括物质性利益和非物质性利益。调整的方式有二：一个是增，一个是减。利益的"增"包括：物质获得、地位提升、精神愉悦等；利益的"减"包括：物质剥夺、地位下降、精神打击等。一定意义上可以说，管理就是管理者通过赏罚，即利益增减，对受众进行合理驯化的过程。

利益或增或减，都可以影响人们的心情，进而影响人们的行为。人们会为"有所得"而做某些事，也会为"免所失"而做某些事，此乃人之天性。利益增减之术，就是人们通常所说的"胡萝卜加大棒""紧箍咒加阿弥陀佛"，这是管理者的必备武器。

毫无疑问，奖惩制度就是触动神经，直抵心灵深处的那根弦。在企业运作中，单一的管理制度，只是对员工日常工作的要求和约束。要提高员工的工作积极性和效率，就务必使员工看到利益所在之处。不论这个利益是物质的，还是精神的，它都将对于企业的日常运作，产生莫大的作用。

2

一个企业，深谙天道，洞悉人道，才能成就王道。

温国辉对美国著名心理学家马斯洛的需要层次理论研究得非常透彻。他说动因由四种需要组成。即：生理需要（如呼吸、水、食品等）；安全需要（人身安全、职业安全、健康保障、资源所有等）；交际需要（如友情、爱情、领导关怀等）；尊重需要（如自我尊重、领导赏识、客户认可等）；自我实现的需要等。

温国辉说：对于员工的奖惩，不仅仅是物质利益的赋予，更是对其价值的认可。纵观天下，每个人都力求自我价值的实现。企业有义务帮助员工提高生活品质，赢得生命尊严。

人的一辈子就在围绕着这些"需要"，不断地展开和创造，终极目标就是价值得已彰显。"吃饭是为了活着，但活着不是为了吃饭"。员工工作要赢得属于自己的生命尊严。因此，企业需要基于员工的需要，设计奖惩规则，最大限度地调动员工工作的积极性。

温国辉说：最突出的案例便是武装部队。其成员存在的最大价值便是服从上级命令，针对军事目标，开展行之有效的军事行动。而就每一位个体而言，他所做的一切，至高无上的便是荣誉，实现"王者荣耀"。在武装部队中，荣誉往往只是一纸奖状，一颗勋章，然而就是这些看似不值钱的东西，不断地激励着将士们奋不顾身，前仆后继，赢得胜利。

第六章 检查奖惩

"钱不是万能的!"在企业的日常管理中,管理者务必学会制定奖惩制度,提高员工对于企业的价值认同,建立其对于企业的忠诚,以便在此基础上实现其人生价值。

有效的奖惩制度是提高企业管理效率,打造团队的有效法宝。而有效的奖惩制度中,常见的具体措施就是勉励、褒扬、加薪、升职等。对于一个有进取心和责任感的员工来说,勉励、褒扬、加薪、升职组成了他工作的至高荣誉。

员工需要有尊严的工作,企业需要给员工足够的尊重。只有这样,员工才会像士兵一样,为了自己,为了企业,为了国家,尽心尽力、尽职尽责,奋力拼搏,不辱使命。

奖惩对于员工的积极性的发挥起到极大的激发效用,企业要想实现大跨越大发展,就必须重视激励。世上,"没有飘不起来的气球",如果气球没有飘起来,要么充入的不是氢气之类的气体,要么是充入的数量或质量还不够。古语曰:"重赏之下,必有勇夫。"这正是对企业激励措施设计的温馨提示。

3

卓银万家 2016 年抓篢 pk 大赛。

从 2016 年开始，卓银万家销售推广模式开始"百花齐放"，较为成熟的要数"抓篢大赛——地推模式"。当时，刚上市"九大篢系列产品"为打开销售渠道，特设立地推模式，合理分配区域工作人员。从财务到司机，从前台到销售，全员出动，不分昼夜，目标为"以终为始"地服务终端农户，直达作物现场，从茶友会、工棚会、农民会拉人头进行宣讲。

参赛的成员都在目标书上签字打手印，公司提供奖励方案。温国辉经常通过这种方式来为员工创造场景，赢者固然可以享受"胡萝卜"的待遇，而输者也离不开"大棒"的"奖励"，以此来激发团队成员发掘潜力，向辉煌冲刺。

（到村小店抓"篢"）

（到菜市场抓"篢"）

（到村祠堂抓"篢"）

（到村广场抓"篢"）

卓银万家"不为大棒而大棒",温国辉认为：磨炼员工礼义廉耻心非常重要。人就活一辈子,企业需要帮助员工提高荣誉心和责任感。同时,激发员工锐意进取的精神,创造更大的价值,将对企业的运营发展,起到莫大的推动效用。

温国辉说："知耻"的过程,便是反省的过程。反省就定然关乎问题的出处,衍生的细节。对于问题细节的处理和再处理,将有效提升员工处理问题的实践能力。具备反省心的员工,具备成为优秀员工的特质。他们将成为企业发展的新动力！

4

专业的事交给专业的人来做。

当然,凡事皆是"双刃剑",奖惩也有负面作用。比如,过多的奖励,将使员工变得唯利是图；过多的惩罚,将莫大地摧残员工的进取心,甚至让他们失去活下去的勇气和应有的健全人生。

所谓"宝剑剑双刃,利弊各相当",对于奖惩制度的把握,是评判管理者称职与否的重要指标。毫无疑问,只有具备大局观念,考虑长远,心思细腻的管理者,制定接地气的策略性强、专业度高并具备可操作性的激励制度,才会更具激励效能。

六、到位

温国辉说：对于弱者而言，"使我痛苦者将使我趴下"；对于我温国辉而言，"使我痛苦者必使我强大"！

1

卓银万家如何解决人才流失之痛。

俗话说得好："千军易得，一将难求。"农资经销商人才缺乏问题更是突显，一些经销商老板对此一筹莫展。这和行业性质以及所处背景相关。通常来讲，人才往往更乐意去厂家、去企业，基本上没有"大才"愿意到经销商处工作。有时，好容易招到几个人才，做得稍微好些又被无情地给挖走了。结果，经销商深感惋惜，怨声载道不绝于耳。

"天下无难事，只怕有心人"。温国辉说：重要的不是问题，重要的是有无解决问题的方法。为何大家不愿意来？为何来了又会走？这个问题需要好好地剖析一下。在我看来，人才流失无外乎是由三个因素造成的，即：个人因素、社会形态因素和公司因素。

个人因素：主要是跟个人要求相关，如工作条件、工资待遇、吃住交通、家庭支持、人际关系、自我价值的实现等。对多数农资经销商而言，这些方面的条件难以尽如人意，并且这种状态在短期内难以得到实质性的改观。

社会形态因素：主要指人才流动观念的更新和受功利价值观的影响。年轻人，特别是刚从学校出来的求职者都渴望个人价值尽快得以实现。我国农资经销商群体多处于原始积累的阶段，往往不重视员工，不尊重人才，对人才要求的多给予的少，这种"顾己失彼"的经营哲学难以吸纳人才，造成人才流失。

公司因素：是指经销商的公司因为自身资金有限，配套不足，理念落后，企业发展动能无力，没有长期的人才发展计划，缺乏有效的沟通机制，加上低水准的管理模式，存在诸多不足，难以吸纳人才，造成人才流失。

如何破局？温国辉认为：以系统管理的方式实现突破十分关键，非常必要。

第一，"打铁还得自身硬"。经销商必须不断地夯实组织发展的动能系统，让人才看到希望。

第二，要适才所用，严格把好招聘关。由于经销商的辐射范围小，最好能够实现"人才本土化"，从而确保人才的基本稳定。

第三，开办"心连心，肩并肩"的事业。温国辉说：企业从小发展到大的过程就是认知："我的企业"——"我们的企业"——"大家的企业"的过程。

第四，尊重人才，重视人才，建立内部沟通机制及渠道。

第五，建立鼓励机制。"深谙天道，洞悉人道，才能成就王道。"你必须让员工明白，你所做的一切是在帮助他走向更大的成功。

第六，强化培训。开发员工的职业心态，职业技能和职业潜能。

第七，从"独享"到"分享"到"共享"。"天下的钱不是一个人能够赚完的""钱不花就不是你的"。

切记：一个人单枪匹马，赤手空拳是无法走向成功的。只有群策群力、集思广益才能开创多赢共好的新局面。

2

卓银万家如何解决农资市场推广乏力之痛。

温国辉说:营销和忽悠是存在本质区别的。营销是把有价值的东西卖给客户,忽悠是把没有价值的东西卖给客户。纵观农资市场,有的企业卖的是过程,而卓银万家不同,卓银万家卖的是结果。

只有多卖一件好产品,才能打击一件假产品。卓银万家做的事业本身就是立德行善的好事。正是因为卓银万家讲求实事求是,所以企业才能风风火火,在短时间内,能够被绝大多数利益相关者接受,并且形成良好的口碑,扩大品牌的影响力。

做买卖的企业干的是一锤子买卖的事儿,做生意的企业乞求生意兴隆。卓银万家不同,卓银万家做的是事业。以事业心推动企业的发展,带动行业的进步。卓银万家从不求客户合作,卓银万家做得更多的是帮助客户赚钱。正是"善行行天下,智慧慧九州"。

3

卓银万家如何解决农资市场仓储压力。

仓储问题,不单只是经销商面临的难题,也是厂家的问题。仓储问题不得不重视。库存太多,占用经销商的资金就多,这可能导致资金不足,甚至链条断裂,从而造成管理成本增加,经济效益下降。特别是一旦仓储时间过长,产品质量得不到保障,经销商和厂家的声誉,都会因此遭到沉重的打击和重大的损失。所以仓储问题不仅仅是经销商的问题，也是厂家的问题。那么，怎么来解决这个问题呢？

温国辉说：第一，要做好销售预测分析，通过大数据进行精准预测，适量进货。这个需要厂家协同经销商一起来完成。第二，不能轻易让厂家压货，导致仓库转移。要依据农资产品的销售速度，来确定农资产品的进货量，确保安全库存，为行销储备丰足的货源。第三，仓储积压的产品太多，要及时消化，要以"先进先出"为原则，减缓仓储和资金的压力。

这就好似水库蓄水，一定仓储量的水能满足航运、灌溉的需要，给人类带来益处，过量的、超过警戒水位的仓储量，则可能会带来重大的灾难。

4

"发展是第一要务，人才是第一资源，创新是第一动力"。企业要发展就得创新，要创新就得有人才。员工是企业的最大资产。资产能否发挥作用，要看员工能否以企业为家。要想员工以企业为家，就要看人心经营得是否到位。

人心要想经营到位，首当其冲的是你要把他们当人看，重视人才，尊重人才。紧随其后地是要把他们当成你的事业合作伙伴，而不是一般意义上的打工仔。卓银万家在人才经营方面一直秉承"精准选人、有效育人、充分励人、亲情留人"的十六字方针，在人才经营方面取得了较大的成效。

温国辉将企业员工视同自己的亲人，这不是口号而是行动。2016年4月，清远新洲店长李巨华下乡送货途中，不幸跌伤，造成脑出血。温国辉得知情况后，派公司领导第一时间到医院探望，利用自己的人际关系，邀请权威的主治医师，原本需要几天才能安排的手术，第 2 天就得到了安排。为店长的抢救与康复争取到了极为宝贵的时间。

李巨华事后说："温总是我的恩人，这辈子我就跟他干了！"朴实的语言充满着奋进和感召的力量。此类例子不胜枚举。温国辉是他们的家长，是他们的依靠，是有事儿能够伸出手的那个人，是值得为之奋斗的那个人！

永远不要想：活应该是员工干的，钱应该是老板赚的！老板和员工在一条船上，应该同舟共济。只有这样，才能乘风破浪、披荆斩棘！

七、考核

温国辉说：绩效考核是评估奖惩最有效的依据，应该得到企业上下的充分重视。

1

卓银万家针对岗位的不同，设计相应的考核方案。以此来激发员工的满足感和获得感。把绩效管理上升到完成公司业绩和践行企业使命的高度，充分体现了卓银万家决策层的战略远见。温国辉说：考核员工不是目的，提升员工绩效，部门绩效和公司绩效才是考核设计的根本所在。

卓银万家的人力资源工作做得扎实而细致。每年，公司会成立薪酬考核小组，基于公司战略，和各岗位工作特点，制定明确的考核指标及相应的奖惩标准。在执行的过程中，核心指标纳入月度考核，单  项奖在评估后立即兑现，做到了"说得出，做得到，奖惩不过夜！"

员工在执行的过程中，考核小组会基于"奖勤罚懒,奖优罚劣"的原则，按照相应的工作标准考核指标，对员工的工作状态和执行效力进行相应的跟踪检查和评估。发现问题及时按照相应的程序进行纠偏。卓银公司已经将细则细化到了员工的日常行为规范中。公司建立了"PK 排名红黑榜"，定期对考核情况进行必要的公示。奖励先进，鼓励后进，实现团队共进。

2

绩效考核的含义：

温国辉说：绩效考核是一种正式的员工评估体系，它是通过系统的方式、原理来评定和测定员工在职务上的工作行为和工作成效。绩效考评是企业管理者与员工之间的一项管理交流活动。绩效考评的成果可以直接影响到薪酬调控、奖金发放及职务升降等诸多员工的实际利益。

3

绩效考核的目的：

温国辉说：绩效考核通常能达到如下六个方面的目的：

第一，为员工的薪酬决策提供依据。

第二，实现组织对员工的绩效考核的反馈。

第三，对员工、团队对组织的贡献进行评估。

第四，为员工的晋升、降职、调职和离职提供依据。

第五，对招聘选择和工作分配的策略提供依据。

第六，对工作流程、预算考核和人力资源规划提供资讯。

4

绩效考评设计流程：

企业的使命、愿景、价值观是绩效出现的源泉。很多企业虽然没有提出来，也没有挂在墙壁上，但其实是存在一些企业信念的，至少它们存在于管理者的大脑之中。有了最基础的企业文化，就会产生企业策略,没有策略的企业是十分危险的企业。温国辉说:策略就是基于自身优势对机会做出的抉择。

绩效考评设计流程说起来十分简单,其实并不容易。必须在公司的统领下,实现全员参与,结合企业实际情况才能真正找到关键的成功因素。为了使成功因素落到实处,就要把关键成功因素转化为可以调控的关键业绩指标,否则就无法考核。

第一步:分解战略地图。

考核指标体系的形成过程就是企业战略分解的过程。基于战略地图,从公司层面、部门层面到个人层面逐级展开。指标提炼出来后要给不同的指标规定不同的考核权重。设定权重的过程也是一个集思广益的过程。有的企业的考核就是人力资源部经理拍着脑袋制定出来的,看似完美无缺,其实是漏洞百出。卓银万家是以工作小组的组织形式进行推进。这确保了考核的精准。

考评标准的制定是绩效考评的依据,没有明晰的标准就没有对比,无法拿出让人信服的评价结果。那标准怎么来呢?卓银万家结合年度经营计划与预算,制定财务指标。有的企业年初只制定了一个财务目标,没有分解过程目标,到了年底考评,实际成效与目标成效相差太远,挂在墙壁上的口号目标或写在文件里的数字目标便成了一个摆设或者一纸空文。

考评标准有定量目标和定性目标两种。温国辉强调说:针对定性目标也要描述得非常清楚,最好是把定性的目标标准化,转化为相应的数据,能量化的尽量要量化。考评的方式是一个技术性很强的工作,严谨和科学是必须持有的态度。

第二步:将分解后的目标落实到每一位员工。

绩效计划的设计从公司最高层面开始,将绩效目标层层分解到各级部门，最终落实到员工个人。卓银万家把这个步骤称作"经营业绩计划流程"。对于员工而言，这个流程直接影响到他们的个人利益，所以，通常情况下，全公司都非常重视。

第三步：关注过程中的关键点，做好节点管理。

绩效过程的沟通、监督指导和调控是一个考核周期内的重点工作之一。永远不要想将指标体系制定，把绩效目标分解，管理者就可以"守株待兔"，等待捷报频传了。

日常工作中，会有什么困难？会有什么问题？需要哪些资源支持？需要重点把控哪些环节？管理者必须做到了然于胸。有的企业管理者想轻松，走捷径，很多事情一概不管，没有节点管理，还美其名曰：这是考验员工的自发自觉。其实，这样的管理者没有任何的领导力。这样的企业也只能有一个结局，倒闭！

第四步：实现"软"着陆。

天下没有完美的绩效方案，但天下的绩效方案可以力争完美。企业的绩效考核要想得到有效落实，需要把握如下要点。

第一，老板一定要有坚定实施绩效考核的决心。

第二，要关注考核周期。太长会使员工的积极性受挫，太短则会让人力、物力、财力过于消耗。卓银万家的经验是：定量指标考核周期要短一些，定性指标考核则要长一些。同时，月度、季度、半年度、年度、长期要有机结合，互为补充。

第三，数据来源是绩效考评是否有信度和效度的保障。为了数据收集的常态化、客观化，要把信息收集工作职责作为员工日常工作的一部分，纳入绩效考核标准。

第四，误差的控制不可掉以轻心，误差要尽量规避，因为人是有情绪的个体，尽量站在理性、公正、客观的角度，如果不扫除思想障碍，绩效考评或许成为某些人打击报复别人的"利器"，反而会造成组织的不适。

第五步：绩效结果应用。

绩效结果的应用是绩效管控真正起效果的最后一跃。

前面花了很多时间精力来做铺垫，如果最后一个阶段不能切实落到实处，就像一万米长跑到最后一百米不跑了一样可惜。对数据的分析可以借助先进的数据分析软件，画出规范化的图、表，让绩效考核结果一目了然呈现出来，使其具有强大的说服力。

员工如果不知道考评结果是如何出来的，就会心生疑虑。这时候的绩效面谈就不能忽视，要对员工的业绩加以表扬，同时指出不足之处。帮助员工制定改善工作绩效的方案，有助于企业和员工的双赢。

还有，考评结果不与薪酬、发展晋升等挂钩，就不能起到真正的激励作用。卓银万家的经验是将考评结果与绩效工资与年终奖金与员工晋升等统统挂起钩来，从而确保绩效考评的价值落到实处。

温国辉说：没有精准考评就没有现代管理。一个不会借助绩效管理来推动企业发展的管理者是一个伪管理者。纵观天下，无论是高明的策略还是精明的策略，都离不开员工的精准实施，任何事情都是人做出来的。老板一句"给我结果"的观念，是该变通变通了，否则，将自己逼进企业经营的死角，很难翻身。

八、事前、事中、事后

温国辉说：做对的事，比把事做对更重要。

1

卓银万家为了更好地管控企业，制定了事前、事中、事后"三部曲管理模式"。

事前预防：就是一项工作没有启动之前，一定要充分思考，预测可能出现的问题，可能面对的风险，然后找到具体的应对策略。

温国辉说：经营企业最怕的就是"事后诸葛亮，事前猪一样"。

事中控制：事中控制就是节点控制。

温国辉说：一件事情在事前思考得再到位，在事中也会出现这样那样的变术。"这个世界上唯一不变的是变化"！宏观环境和微观环境都可能出现变化。做事需要"天时地利人和""从来都是时势造英雄，而非英雄造时势"。你要永远保持清醒的认识，需要知道你面对的是什么，变化的是什么，然后考虑"通过什么，做什么，实现什么"。你必须把握好每一个重要的节点，做到有效的节点管理。

事后分析：做任何重要的工作，无论成功与否，都需要在事后进行必要的分析。

温国辉说：一件工作结束了，不意味着这件工作真的结束，尤其是企业发展中的那些大事件。羊丢了你要学会"亡羊补牢"；

"马到功成"了,你要想想这次你用的是什么样的马;"九转功成"了,你要思考你是怎么转的;企业里出现了"常胜将军",你要分析他的特质,总结他的经验,还要考虑他接下来还会不会胜……

2

作为农资企业,怎样才能做好会议营销,开好"农民会"呢?这个是老生常谈的问题。越来越多的会议,在操作中背离了初衷,变了味道。

曾经有一位老店长向温国辉诉苦,说:现在的农户越来越精明了,每次邀请他们参加农民会,农户会立刻问:"有没有饭吃?有没有赠品送……"我们求着农民过来听课,还要赊销,真的是做生意做得好委屈啊!

温国辉说:这是会议的策划没有抓住农户的心,没有抓住痛点,没有引起情感的共鸣。一场农民会,你必须分配好你的精力,切记:会前占70%,事中占20%,事后占10%。并且每个环节你都需要以百分之百的态度对待,你需要担负起百分之百的责任来。

"工欲善其事,必先利其器"。卓银万家的农民会对准备工作可以用"苛刻"二字来形容。会前建立作战指挥部,并且设置检查人和责任人。只有检查、检查、再检查,准备、准备、再准备,才可能把会前的准备工作做得天衣无缝,没有瑕疵,才可能做到万无一失,心想事成。

温国辉说:那些做得不太成功的农民会,往往注重的是事中和事后,为开会而开会,为准备而准备,这将毫无意义而言!

2016年,卓银万家在清远黎溪举办"冬瓜王大赛"活动就十分经典。当时,第一次开展这种会议,事前的准备铺垫用时比较长。活动从冬瓜苗期一直跟踪到收成时期,其间田间收集案例,如开观摩会进行观摩推广,配以户外宣传参赛报名,下田测量真实数据,如此总总,都是属于事前的70%准备工作。这里处处体现着卓银人的"精致"。

冬瓜擂台比拼从参赛瓜到会场,再次确认参赛瓜数据,现场称重,颁奖仪式等都是事中的20%。会后的总结,对参赛农户的跟踪,活动意见反馈,回访农户都是事后的10%。

任何一项活动,事前、事中、事后每个环节的检查与监督都是必不可少的。切记:"精诚所至,金石为开",人在检查和激励的状态下产生高绩效。

(现场测量参赛冬瓜数据)

(赛事现场剪影)

九、检查奖惩溯源

温国辉说：中层"要坏"，高层"要狠"。

检查的目的就是实事求是，注重实效，全面准确地了解情况。考核的目的是客观公正地反映和处理问题，着眼于及时有效地推进各项工作目标任务。

卓银公司在成立之初，在员工的执行层面，也会出现这样那样的诸多问题。直到温国辉在全公司推动了个人检查、领导检查、专业检查、第三方检查和老板亲自检查等，情况才得到了实质性的改善。检查的源头是问题的出现，检查的目的是不再出现问题。

考核不是什么新鲜事儿。但是为什么很多企业的考核成绩不显著呢？

温国辉总结说：考核既要注重对工作结果的考核，也要注重对工作计划、工作措施、工作进度、责任落实等执行过程的监督检查，及时发现问题，分析问题，从而保证目标任务的圆满完成。

检查奖惩

天龙物语

　　利益驱动是全天下最好用的驱动。害怕失去产生压力，渴望得到产生动力。检查应包括个人检查、领导检查、专业检查、第三方检查和老板亲自检查。检查做得到位，业绩才会出类拔萃。切记：深谙天道，洞悉人道，才能成就王道。

EXAMINATION

第七章
归纳总结
导读

一、正向改变

二、将顺其美，匡救其恶

三、把企业做轻，把客户看重

四、吾日三省吾身

五、总结是成功之母

六、总结溯源：双赢思维

第七章 归纳总结
CHAPTER 7

温国辉：如果事情在你的手上出了差错，请记住那是你的问题，不能怪罪他人。就如一个人走路，第一天掉沟里去了，第二天掉沟里去了。如果他不善于总结，第三天发生的事情可想而知。

卓银万家的成功，跟我们不断地总结经验密切相关。企业运营，可以试错，但不能一错再错。成长的路上，经验的累积尤为重要。企业可以对案例进行典型化处理，以此找到问题，沉淀经验，利用案例提升全员的战斗力。

一、正向改变

温国辉说：世界上没有后悔药可以买。做人关键靠自己，你不勇敢，没人替你坚强；你不实干，没人陪你扯淡。

1

脱离生产实际的改变，往往会成为伪创新。

多年前，温国辉拜访青岛一家合作企业。合作企业向他介绍了微生物菌的作用，宣称他们的产品是实验室里研究出来的尖端产品。公司首期已经投资了2000多万元的设备，是专家从国外引进的，非常有前景。公司计划二期扩大投资1亿元，以此来实现产品的升级换代。

这家企业所做的似乎是一个非常有发展前景的创新项目，但当时温国辉却否定了这个项目。他严肃地告诉合作企业："微生物菌在多年的应用上，确实产生了不错的效果，但对于整个农业生产来说，只是其一而非唯一，你们被'砖家'给'放卫星'了！"

温国辉的话言中了。这家企业所讲的内容有夸大其词的成分，同时盲目的探索导致了创新的失败。温国辉说：绝不能把实验室里的某一科研成果过分地吹嘘放大。只有实地考察与研究，躬耕钻研，才能做出明智的判断。

2

在韶关地区有很多柑橘农资店，传统门店都是注重赊销和拉农户吃饭，多开促销订货会，很少有农资店主动下乡针对作物做技术输出的服务。

澄江罗生，在加盟卓银万家之前，在农闲之余在镇上卖鱼。偶尔听朋友说"做农资很赚钱也很好做，把店开了等人上门就可以坐享其成了"，他为此心动。他是一个比较谨慎的人，不太懂农业技术，担心开店经营后没人指导，经营不善，干不下去。后来，他了解到有个亲戚在当地开卓银连锁店，做得风生水起，就实地进行了考察。

罗生到了门店后，看到门店生意很好。于是他考察了多个乡镇，最后主动找到卓银韶关分公司，并于2017年3月在澄江镇加盟卓银连锁。

第七章 归纳总结

刚到澄江开店，由于人生地不熟的，为避免赊销造成资金困难和钱款难收，他在公司工作人员的协同下，一起考察当地零售商和农户。他了解到当地零售商基本不下乡，以赊销和促销为主。而农户迫切需求有人对他们进行指导技术。于是，罗生经常带公司技术人员下乡开展技术讲座，推广产品，组织农友到公司观摩果场，推广相应的技术方案。

罗店长不仅把自己的果树种好了，也带动了周边的果农实现了致富。他的做法得到了当地众多农友的欢迎。他凭借真抓实干，获得了为数不少的果农粉丝。从2017年3月开始营业到当年年底，他的营业额突破了60万元。在当地农资零售业绩中排名，名列第一。罗店长通过正向改变，仅仅用了一年的时间，便实现了超越对手，获得了转行的成功。

二、将顺其美，匡救其恶

温国辉说：育人是大事，事在人为，人对了世界就对了！

1

老板累的四宗罪：

第一宗罪：不放心。

置身"农资江湖"，总会有这样的声音不绝于耳：我的企业没有人才；我的员工没有执行力；我公司地处偏远，找不到好干部；80后和90后不好管；我学历低不会管理；我搞技术出身不知道如何管人；我做业务起家管人的事实在外行……

温国辉说：在我看来，这些近乎借口的说辞，其实仅仅停留在问题的表面，根本不是问题的症结所在。老板累的真正原因是不相信员工，是不放心。老板常想：我好不容易辛辛苦苦地捞回来的第一桶金，刚刚创业成功，公司的江山是我打回来的，我怎么可以随随便便假手于人。人财物、进销存等企业的大小事务，最终拍板的都必须我一个人说了算。这样办企业，不累才怪！"不放心"是老板累的最大原因。

第二宗罪：不会用人。

不会用人体现在不会找人、不会识人、不会安排人在合适的岗位等。中国封建社会漫长，无论时代如何变迁，"我的地盘我做主"的土皇帝思想总是深植于国人的大脑之中。

为什么中国溜须拍马之徒甚多？就是爱听好话的人太多。老板选人首选"顺不顺眼、听不听话",而那些有才之士谁肯轻易俯首称臣?即使你不"三顾茅庐",至少也要"礼贤下士"吧?

"士为知己者死"讲的就是这些有才之士。偏偏这么怪,越是小企业,老板架子越大。因为他是"能人"。他的想法是企业离了谁都照样转,离了我老板就不行。这样的企业,老板不累才怪!

第三宗罪:不会授权。

很多人做了老板,其实并不知道企业是什么样,企业是如何构成的,他不知道企业绝大多数工作都是可以假手于人的,都是可以分类分级分时授权员工完成的。很多老板也懂得授权的重要,但就是找不到授权的门道。

多数人的经历就是"一放权就乱、一收权就死"。其实,解决这个问题很简单。"让专业的人做专业的事",找一个专业的顾问,花上一点儿时间,这一切症结都可以迎刃而解。

第四宗罪:不会分钱。

一些老板会用人,也会授权,企业发展得也不错。可是等到企业达到一定规模之后,元老离开了,能人请辞了,人心涣散了。原本有人替老板分担的工作,因无人接替,老板不得不亲自上阵,一上阵就又回到了"忙乱不堪、身心交瘁"的境地。之所以会这样,就是江山别人打了,龙椅自己一个人坐了。

难道老板不累,就办不好企业吗?

温国辉说:非也!老板越轻松,企业越长久。老板越轻松,企业发展得越顺利。道理很简单,老板轻松,意味着员工努力。事事有人负责,老板能不轻松吗?

老板要想不累,其实不难。首先要转变观念,与员工风险共担,利益共享,让员工得到实惠;其次找到好的教练,帮助企业打造一套科学的运营系统。摆脱对老板的依赖、摆脱对能人的依赖，让系统帮助老板管理企业、让系统帮助老板轻松地赚钱。

2

卓银万家韶关分公司前后更换了几任负责人，直到2017年，才算稳定且销售业绩稳步上升。之前几任负责人经验各有千秋，有"酒肉专场""独行侠""快销品套路"等，相对比较有经验，但团队建设及销售业绩始终上不去。

霍总接管后，出现了很大的改观。他之所以能够做得好，如下几点非常重要：第一，他在韶关是从区域经理开始做起的，对市场比较熟悉，对一线业务比较熟悉。第二，他热爱学习，为人要强。通过自身努力，内外兼修，拥有了做好工作的本领。第三，他对团队有较强的概念和认知，能够经营好团队，用好团队。第四，他能够按照公司的要求及指引，通过"技术+服务"的模式，不断地下乡指导果农用肥用药。第五，工作踏实，一步一个脚印。第六，他善于归纳总结。他全面推动示范工作、对客户进行跟踪服务。并且收集成功案例和失败案例，剖析总结，累积经验。第七，基于目标，他将栽树育人育团队列为工作重点。周会、月会、季度会，店长培训会都开得落地有效果，这对团队成员整体能力的提升帮助很大。第八，他将"天龙八步"的运营策略，在管理运营的过程中应用得淋漓尽致。

霍总做好的，恰是前边几任没有做好的。正因为这样，韶关分公司有了新人新貌新景象。

三、把企业做轻,把客户看重

温国辉说:如果你连自己都不相信,你又怎么能够指望别人相信你,不要再给自己设限,那样你将白来世上一场。

1

建议一:重人才、轻资产。

纵观天下,真正重视人才的企业并不多见。许多企业说重视人才,其实喊的是口号。许多老板宁愿出 1000 万元买一台机器堆在厂房里,也不愿意每年出点钱请专家顾问来诊断指导。这就是患上了典型的"重资产、轻人才"的"重病"。而且,很多企业喜欢用听话的员工,因为他们觉得这种人适应企业文化,对老

板的脾气，合老板的胃口。在这样的氛围之下，真正有能力的人才往往会被逼迫走。

老板要克服"资产情结"，及时处理掉不符合公司发展的"资产"，在资源不是极其丰富的情况下，采用轻资产策略进行经营，以此逐步提升资产的利用率。同时也要加强员工价值分析，不要以个人喜好"论英雄"。企业一定是要靠业绩排名的。

2

建议二：重效率、轻规模。

中国人重视规模，看公司行与不行，往往从规模上去判断。其实，未来绝大多数企业都会是小规模的。小规模企业要想大展宏图、基业长青，需要"以效率冲击规模"。

没有效率的企业必将被市场残酷地淘汰。成功其实很简单。企业要想在事业上取得成功，只要比竞争对手做得服务好一点儿，效率快一点儿，价格低一点儿，包装美一点儿，使用便利一点儿，通盘考虑更人性化一点儿就好了！

3

建议三：重客户、轻销量。

在卓银万家，曾经有一位店长十分的迷茫困惑。他表示："农资行业陷入了价格战危机，他为此烦恼不已。参与价格战，就会损失利润，没钱促销；不参与价格战，就会损失销量，甚至丢掉市场。"

——这道题似乎无解。

温国辉听后笑了,问他:"你对自己的产品有信心吗?"

这个店长答道:"我们的产品品质是全中国最好的,远远超过了进口肥,我就担心好产品卖不上好价钱!"

温国辉微笑着说:"那为什么不把产品效果拿出来秀一把呢?林志玲和凤姐同台竞技,情况不是一目了然吗?她们的出场费自然是不同的。要达到一个强有力的竞争地位,就应该将我们的产品的价值有效地展现出来。比如咱们的'满汉全席',在业界被称为'卓三多',多元素、多功能、多用途,是进口复合肥所不能比拟的,直接拿肥效 PK 就好了,没必要浪费口舌,盲目地比较价格。"

农资企业要想发展,不要单纯地在价格上竞争,而要在价值上做足功课。农资行业走到今天,已经进入了一个理性回归的时代。为客户提供个性化的整体解决方案,远远好过拿方案中的一部分去竞争。

天下的客户是不同的。企业永远不要奢望,自身所提供的产品和服务可以满足全天下所有人的需求。找准市场,用对方法才是成功的关键。整天琢磨着销量的企业是没有前途的。企业一定要有清晰的定位,找准客户,发掘需求,满足期许。

4

建议四:重市场、轻生产。

毫无疑问,产品质量是企业的生命,是企业发展的基石。产品质量差一定会失败,但产品质量好也不意味着一定成功。

当今时代，企业的命根子不在生产而在于市场，在于客户。可惜的是，国内的很多企业都缺乏专门研究市场和行业的专业人才，生产产品凭借着老板的个人经验和感观上的直觉，缺少系统的市场调研和整体的产品策略。

企业发展到了一定的规模，必须以市场为导向以客户为中心，这样才能确保企业的竞争力。

5

阳山太平卓银连锁店兰玉珍店长在跟卓银连锁合作前，在太平有一间门市部。兰店长曾经做过老师，也在工厂打过工。但都没有达到自己的心里预期。后来经过友人介绍，在太平镇开了一家农资店。这家门店在当地来说很不起眼，由于刚开始经营，产品种类不是很多，同时，她对于作物管理技术方面也缺少经验。都是东拼西凑的，自然不成系统。

2012年，卓银万家七拱店在当地做得非常成功，店方跟卓银合作了近2年，不论是产品还是技术在当地都得到了颇高的赞誉，五里三乡的果农都去该店买肥找药。兰玉珍的很多客户都曾在那里拿过货，但由于路途较远，信息相对滞后。七拱店鞭长莫及，难以辐射。

兰玉珍发现商机后，主动找到卓银公司，洽谈合作。洽谈的过程中，她表达出了强烈的合作意愿。卓银万家经过评估，与其达成了合作。

加盟后，兰店长和卓银公司的业务员，经常结伴行走在田间地头。她不断地学习卓银的作物管理方案，慢慢地丰富了产品知识和田间管理技术。经过坚持不懈的学习与总结，几年后，太平卓银店业已成为当地首屈一指的农资店，在太平区域和周边的乡镇具有极大的影响力。兰玉珍实现了她人生的华丽转型，风风火火的生意让她踌躇满志，信心十足，热情高涨。

把作物服务好是把客户做大的唯一途径，把人才培育好是服务好客户的唯一通道。

四、吾日三省吾身

面对挫折，从反省与总结中带领农友实现突围。

早在十多年前，柑橘老区天堂山，已经出现了很多柑橘树黄化早衰现象。传统种植技术是一年环割三四次，冬季促花控梢割两刀，春季保果控梢又两刀，俗称种果三板斧，即："环割刀+920+2-4D"。

卓银万家通过深入研究，发现这种方法极大地损伤树体和根系，对于种植物本身的伤害是不可逆转的，使得柑橘作物不能持续结果。通常果园这一季获得了一定的丰收，但下一季只能结出少量的青皮柑橘，甚至有些树不结果，就光秃秃地立在那儿。

果农们欲哭无泪，毕竟这是自己种下的恶果，是他们为了短期的效益，不顾柑橘作物的生长属性，而强行进行环割，导致果树不能持续地结出果实。

环割的后果导致营养生长过盛，生殖生长衰落，要根本性地解决这个大问题，避免产业快速衰落，必须从营养方案着手解决。

"问渠那得清如许？为有源头活水来。"只有从源头上解决问题，才能事半功倍。基于这一点认识，卓银万家制定的方案跳出了传统的习惯，主张在不多施尿素、碳铵、高氮复合肥的前提下，结合中微量元素和有机营养等加以调理，重底肥，轻追肥。

为改变落后种植方法，卓银万家的店长们每天都亲自带队下乡授课，他们有时顶着炎炎烈日，有时冒着狂风大雪，但是他们义无反顾，无怨无悔。救树如救人，十万火急之下，一个工作小组一天最多能到 4 个乡镇讲课。卓银万家的员工克服了种种困难，成了名副其实的"大地医者"。至此，农友们的种植水平得到了大幅的提高，果园的经济效益得到了大幅改善。

在卓银万家的指导下，当地环割次数逐步下调至每年一两次。为沙糖橘整体寿命多争取了几年时间。虽然这是一个小小的改良，但是他们的做法为农业种植打开了新思路，创造了新前景。

温国辉说：只有标本同治，才能管好作物，才能让果园可持续性循环发展，这种理念也是卓银人时刻要牢记于心，并在实际中切实坚守的。

当柑橘果园一年年地丰收之后，先前愁眉不展的果农们愁云尽散，纷纷对卓银万家竖起了大拇指。不在于你做了什么，在于别人感知到了什么和传播什么。卓银万家的做法赢得了市场声誉，赢得了客户人心，赢得了企业发展，赢得了喝彩不断。

卓银万家之所以能够决胜天堂山，是因为卓银万家是一家良

心企业。卓银万家试图做的是帮助农友走出困局，而不是迎合与忽悠。正如温国辉所说："一旦事情在你手里出了差错，记住那是你自己的责任，不能怪罪他人。"要想把企业做好，你必须善于总结，你的问题究竟出在了哪里。问题出现的地方，极有可能就是利润可以绽放之处。不要吝啬总结，"吾日三省吾身"，必成大业！

五、总结是成功之母

温国辉说： 成功为你创造了现实的收益，失败为你创造了累积财富的机会。失败得多，孕育的财富也多。跌倒了不怕，抓把沙子站起来。把"沙子"变成"金子"，你就是决胜"江湖"的王者！

1

在总结中成长，"鸡屎强"的诞生。

多年前，在卓银万家，来了一位叫作小强的新同事。他刚入行不久，但积极主动，得到了领导的赏识，使其争取到了去湖北参加"游学会"的机会。

回公司后，公司组织游学归来的学子们进行分享。每个人都领取到了分享任务，他们需要与大家总结探讨所见所思所想。小强在游学过程中，发现当地农友习惯使用鸡粪来做底肥，由此对农业生产带来较大的危害，导致柑橘等作物营养严重衰退，结出的果实又干又瘪。

小强分享的题目是"鸡粪做底肥的危害"。由于第一次上台分享，他讲起话来支支吾吾的，甚至满头虚汗，无法继续，最终还狼狈地败下阵去。

虽如此，小强分享的题目却引起了领导们的极大兴趣。当晚，领导组织大家继续总结与讨论，一起分析《鸡粪对于柑橘的危害》。全员踊跃参与，甚至达到了废寝忘食的地步。当晚，总结讨论到凌晨 2 点多钟。到最后，小强居然能够从十个方面，包括鸡粪的来源、成分、危害等，清晰精练地讲解这个题目。他不仅变得口齿伶俐，而且举止落落大方，颇具台风。很显然，他业已成为鸡粪领域的"专家"了。自此，"鸡屎强"的美称就在公司诞生了。

毫无疑问，如果学子们游学归来没有总结，卓银万家不会在那时那刻发现鸡屎的危害问题。如果公司领导不加以重视再次组织研讨，小强就会失去再次上台的机会。如果小强第一次讲话败下阵来后不去总结，他也无法得到公司的认可和赞誉。要成长，多总结！

2

专注成就专业，深耕创造财富。

十多年前，温国辉曾经尝试过投资种果，但结局以失败告终。事后，温国辉经过归纳总结，得出的结论是：我的农业知识、经验、技术，都不比普通农友差，但我却不是一个称职的农友。我一年里在果园的时间没办法达到 10 天，而优秀的农友却是 365 天基本都在地里田间，时时刻刻呵护作物，像照顾孩子一样照顾着每一棵果树。果园的工人是打工的，农友自己就是老板。由于主人翁意识的差异，他们精力的投入甚至出现天壤之别的状况。

温国辉说：专注成就专业。所谓农业专家，如果不亲力亲为，只是在办公室里指挥工人干活，那么种植的果园是绝对赶不上农友的。所以卓银要发展，就不能闭门造车，所有的员工都需要深耕至田间地头。

3

回归作物的根本原理,才不容易被忽悠。

曾经有一家销售芸苔素的企业,他们的销售代表在市场上给果农上课,讲:"用我的芸苔素以后,农友可以放心去打麻将,绑住手指头,不用去采摘夏梢。"那些轻信他的农友因此倒了霉。6月未到,夏梢疯长,果子落了一地。

市场上,类似这种芸苔素推销的手法并不少见。这种不负责任的夸大宣传,专业人士很容易就能识别清楚。而要想成为专业人士也不是什么太难的事情,只要回归到作物生长的根本原理,谎言就可以不攻自破。

卓银万家不断进取,成长的路上,卓银万家向新田龙学习并引入其"全营养金字塔体系"和"栽培+植保+营养"等优秀实战体系,切切实实科学客观地给农友提供更高质量的服务。

经过多年的实践总结,温国辉认为:对于农业生产成果的贡献,排在第一位的应是农友自身的学习力和执行力,要占50%;其次是肥料/农药的管理方案,可占25%;最后剩下25%就要交给"老天爷"了。他还特别提醒农友:千万别迷恋或迷信某一个特效药或特效肥,否则一旦发生问题,必将追悔莫及。

业余选手努力忽悠客户,职业高手努力帮助客户不被忽悠。结果,业余选手持续业余,职业高手不断超越。

六、总结溯源：双赢思维

不仅为自己也为别人谋福利，通过互赢合作而不是独立竞争加强人际关系。"天龙八步"随时随地的总结，源自于温国辉的双赢思维。

1

在美国波士顿一座纪念被屠杀的犹太人的纪念碑上，刻着一个名叫马丁的犹太神父写下的一首悔恨诗："起初他们追杀共产主义者的时候，我不是共产主义者，所以我没有说话。当他们追杀犹太人的时候，我不是犹太人，我没有说话。当他们追杀公会成员的时候，我不是公会成员，我依然没有说话。最后他们奔我而来的时候，再也没有人站起来为我说话了。"

这就是马丁的悲哀了，他在别人需要帮助的时候见死不救，自己快要死的时候自然没有人来救他。放眼天下，诸如此类的例子共同向我们证明了一件事："帮助别人就是帮助自己。"人们需要明白：帮助别人并不是一件强人所难的事情，只要你尽力帮助别人，在你遇到难题的时候，别人也一定会鼎力相助，帮助你渡过难关。

2

在人的一生中，谁不曾接受过别人的帮助？谁没有帮助过别人？"帮助别人就是帮助自己。"爱默生曾经说过："人生最美丽的补偿之一就是自己真诚地帮助了别人之后，别人也真诚地帮助了自己。"所以，不要以为自己不需要别人的帮助，也不要以为自己太过渺小，根本就没有任何可帮助别人的地方。

纵观天下，求人办的事情都不好办。"销售百字诀，首字帮为先"。营销的最高境界就是实实在在地解决客户的问题，顺便把货卖了，把钱赚了。以此开创多赢共好的局面，以此才能收获，大展宏图、基业长青。

运营管理中的
"天龙八步"

归纳总结
天龙物语

　　总结与检查有相通之处，但检查侧重原始数据，而总结重在理论层面的分析并得出结果。一些农资企业之所以失败，要么是不善于总结，要么是将总结的成果束之高阁。要想如同卓银万家一样成功，杀出血路，成为黑马，必须深谙归纳总结之道。

SUMMARY

第八章
优化创新

导读

一、创新与否是企业成败的生死局

二、核动力

三、习惯和品质

四、企业优化的"六脉神剑"

五、卓银万家的"优化经"

六、思考力优化

七、想发展就得优化创新

八、优化溯源:不断更新

第八章 优化创新

温国辉：世上没有过不去的火焰山，追逐目标的过程中，必须对"天龙八步"的各个环节进行及时有效的优化。创新路径，创新标准，创新方法，创新执行，创新培训，创新激励……如此才能实现凤凰涅槃，振翅重生，实现连锁大业的快速成功。

一、创新与否是企业成败的生死局

温国辉说： 通常情况下，在面向决策时，只要你发现自己是站在多数人的一边，那就是到了该停下来反省一下的时候了。

1

迷信"空降兵"，奇路走不通。

人们常说"外来的和尚会念经"，然而，"外来的和尚"也有把经念歪的时候。温国辉认为：企业运营的过程中，正确的做法应是：不可不用"空降兵"，不可乱用"空降兵"，不可全用"空降兵"。"天上"下来的未必接地气，接地气的人未必看得远，拥有一个适当的比例非常重要。

关于"空降兵"的灾难，中国企业的经验教训不胜枚举，可还是有人情不自禁地这样做。放弃身边的人才，迷信远方的大师，通常是一种幼稚的奢侈。

2

支柱亲信化，企业长不大。

靠人控制人，而不是靠制度控制人的中国式组织，起源于封建社会农民打江山的传统，泛滥于信任危机加重的当代商业社会，是中国以情感为纽带的企业走向规范治理的主要瓶颈。

温国辉说：过分的"亲信化"，必然会伤害企业的系统，妨碍企业的精进。企业最终一定是靠系统驱动的。只有全力以赴地建系统，才能杀重围，展宏图！

3

面子大于理，惊吓吃惊喜。

面子是：我已经这样定了，而且全世界的人都知道了，错了也要做。真理是：这个方向是一条曲曲折折的弯路，而且很可能"此路不通"，必须想出更好的方法。

纵观天下，爱面子的老板比比皆是，他们愿意说："就这么干，谁不执行谁下课，玩要玩到底，死也要死得轰轰烈烈！"

你真想玩，不用承担那么大的压力与风险做企业吧？你真想死，你死前的遗嘱不会这样的草率简单吧？借用这类老板的话说"干是要干，但不能胡干！做企业不能等同于扯淡！"切记：扯淡地干，只能导致内忧外患！

4

知人不自知，蛮干是白痴。

有的老板，看人头头是道，看己昏头昏脑；指点别人时条条是道，发展自身时，七窍通六窍。

这类老板从来没有看清楚自己在行业中的位置，没有分析实现领先需要哪些关键因素，痴迷于自己过往的一段成功史，缺少畅想未来的智慧，不懂得打造核心竞争力，满脑糊涂账，没有清晰的战略规划。

切记:"知人不自知,蛮干是白痴"。你需要理清思路,你需要明白,要想"百尺竿头,更进一步",需要坚持什么,改进什么,固守什么,创新什么……

5

做人没信用,产品卖不动。

有的企业,说话不算数、合同不算数、承诺不算数……能算数的只有不算数。对内,规则计划变幻无穷,今天立,明天改,后天再改,改得天翻地覆,改得一塌糊涂……手下无所适从;对外,合同承诺一张废纸,视情况任意涂抹、打折甚至撕毁……导致合作者最终有去无回。这几乎是一些商人部落中最常见的景观。

切记:诚信是合作的基石。没有诚信,合作从何谈起?"人在江湖,江湖上总会有关于你的传说"。无论你认不认同,接不接受,你在别人心目中都会被定位。切记:别人会在你的头上贴上一个大大的标签。如果那个标签是"失信"二字,你需要赶快把它撕掉。

6

推崇匪文化,业绩肯定差。

有的民营企业老板就如同"山寨大王":生于青萍之末,长于江湖之野,走的是匪文化路线——关上山寨大门,老子天下第一;冲出山寨掠财,碰壁拐弯,见缝就钻,图的是"人生痛快"。

——什么是人生痛快?就是人生痛得很快!

《水浒传》的好汉厉害吧,最终也难逃被招安的命运。不要自诩自己是梁山好汉,你要有情怀、有使命、有担当,即便是落草为寇,你也要打出"替天行道"的招牌。

切记:做买卖只能是一锤子买卖;做生意也未必生意兴隆;只有做事业,才能大展宏图、基业长青。

7

沉湎酒色乡,收得两鬓苍。

有人因为无力控制欲望沉湎于酒色;有人因为事业再无激情沉湎于酒色;有人因为"过去吃了苦",怀着补回来的心态沉湎于酒色;也有人因为"人生苦短",信奉找钱是为了享受的哲学而沉湎于酒色……

沉湎于酒色,终将失去大业。历史上,李自成是,洪秀全也是,吕布是,项羽还是……某某企业家还是。他们不会成就更大的成功,因为他们不失进取,他们将自己的前程葬送。

8

投资迷经验,主意火候欠。

在另一个时间、另一个市场、另一个行业,面对另一群员工或消费者,以当年的感觉投资、布局、生产、销售。指挥还是昨天的指挥,音乐还是相同的音乐,可这一次为何起舞者寥寥数人?趋之若鹜变成了门可罗雀?

看过电影《九品芝麻官》的伙伴们都会知道,前朝的尚方宝剑，是无法斩杀今朝的官的。"刻舟求剑"为什么是一个笑话，因为环境变了，你刻的那个印记失效了。

这个世界，唯一不变的是变化。要想成功，你必须：触变应变用变，快进快出快赚！

9

不学无术工，老板不轻松。

在中国，做老板远没有那么轻松。每天都要面对多种情况，处理很多事情。事情一多，就不愿意学习了。

很多人不读书、不看报、不看电视、不上网，更不愿意专门花时间参加培训，甚至连温国辉老师的"天龙八步"都"挤不出时间"看，这简直是一种悲哀。

一个人，来钱容易时，升官发财时，强悍壮大时，一帆风顺时……往往就是情商最低的时候。这个时候，唯我独尊、孤芳自赏，听不进别人的话，是非常危险的。

切记：只要开始，永远不晚；只要进步，总有空间！

二、核动力

温国辉说：卓银万家存在的意义就是要让天下没有难种的庄稼。

"让天下没有难种的庄稼"，这是支撑卓银万家在经营的过程中，不断优化创新的核动力，持久而强大。卓银研究并全力推动"三高农业"，即品质高、产能高、效益高的农业。归根结底是要解决庄家难种的问题，进而带动农民发家致富。温国辉小时候在农村长大，他眷恋着脚下的每一寸土地，他爱得火热且赤诚。

温国辉认为：难种的庄稼，往往是与如下这几个问题息息相关：

第一，庄稼的生存环境变得更为艰难。气候环境之异常、土壤环境之破坏、水源污染之严重等，都加剧了农作物的各种异象。

第二，农副产品消费市场环境的变化，对种植者提出了更高的要求。从过往单一的产量要求，转向质量诉求。同时，追求健康、口感、卖相等。

第三，劳动力及农业生产资料成本的提高，让种植者压力倍增。

第四，种植群体技术标准的缺失。多年来，中国传统农民，往往凭经验种植和做田间管理，缺乏科学技术和有效的种植标准。

在德国，一个农民能养活 150 个人，我国目前一个农民只能养活 5 个人，发展潜力不可估量。中国 8 亿农民，需要提升的农民，嗷嗷待哺。温国辉很是着急，这是他的情怀，这是他的初心。

他深刻地认知：只有不断优化不断创新，才能担起责任，不辱使命。"让天下没有难种的庄稼"，业已成了他毕生追求的目标。

卓银万家通过"低利模式""最大性价比模式"，不断为种植者打破僵局，使其用得上了好肥料。"好肥料，卓银造"，在卓银万家服务的地区，农民达成了这样的普遍共识。

三、习惯和品质

温国辉说：自重、自觉、自制，此三者可以将人类的灵魂引至生命的崇高境域。

1

"天龙八步"不仅适用于企业的运营，同样适用于人生的经营。

"书籍是人类灵魂的工程师"，多读书，读好书，可以培养读者的情操，使其树立正确的价值观，以及在技能方面实现快速提高等。

温国辉说：要鼓励孩子多读一些历史、文化、艺术、科普类的书籍，培养他们独立思考的能力，为以后的成长奠定知识的基础，从而脱离应试教育的"虎口"。否则，像一些只会考试的"书呆子"，就算拥有硕士博士的文凭，但是课外知识懂得太少，没有树立正确的人生观，没有工作技能，等他们到了社会上，就会显得无所适从，格格不入。

我们不仅要让孩子读"万卷书"，懂得更多的人生道理，更要让孩子行"万里路"。比如，到了学校的寒暑假，家长最好把孩子带在身边，跟着自己一起"走南闯北"，增加人生阅历，增长见识。使其参加力所能及的劳动，培养他们吃苦耐劳的精神。要教导他们从小事做起，培养生活节俭、举止礼貌等良好的习惯。

温国辉告诫说：读"万卷书"只是"万里长征"的第一步。

读"万卷书"更要行"万里路";行"万里路"更要"名师指路"。"名师指路"更要"自己开路"!

2

付出才能杰出,承担才能成长。

2017 年的一天,温国辉带着家里的老大和老二到北京出差。车马劳顿,他问两个孩子"谁可以帮爸爸拿小背包"。老大主动背着包走了 2 公里路,中途没有喊一次累。到达目的地的时候,温国辉奖励了老大一根冰棍,同时夸奖他"今天做得真棒"!老大吃得津津有味,脸上呈现出美滋滋的神情。一旁的老二看得直流口水。等到老大吃到最后,温国辉让他把雪糕棒拿给老二品尝品尝。老二一脸不情愿地舔了舔,心里充满了委屈。

毫无疑问,温国辉是有钱人。他这样做会让不理解他的人吃惊。他就是要让孩子能够深刻体会"世间没有不劳而获的成果""付出才会收获甜美的果实"。总有一天,孩子会明白他的良苦用心。

温国辉说:在任何时代,"纵子就如同杀子!"一贯的溺爱只会让孩子觉得理所当然,到了社会上,就很难融入进去,因为他们从小就不懂得换位思考。因此,作为家长,要让孩子体会"付出才有收获,劳动才有饭吃"的道理,只有努力奋斗,努力拼搏,不断挑战,未来才能过上美好的生活。

四、企业优化的"六脉神剑"

温国辉说：自己的鞋子，自己知道紧在哪里；自己的企业，自己应该知道问题出在哪里。

1

一剑决未来：定好企业的战略。

战略就是企业对于未来的选择。企业需要围绕用户心智和市场竞争来制定战略，企业要知道自己的优势是什么，劣势是什么，市场上的机会是什么，风险是什么。千万不要闭门造车、自以为是，想当然地决策。拍拍脑袋决策的企业，只能拍拍屁股走人。没有战略的企业在市场上的生命力是不长久的。

比如新产品战略，别等你的产品出来了，才发现满大街都是，或者发现别人的产品比你的更牛。若是那样，你就真的"歇菜"啦！

2

二剑树品牌：找准品牌的定位。

定位的终极目标是对用户心智的占领，前提是绕开大的竞争对手，或者是找最大竞争对手的短板，从而找准消费者与品牌的关联词。换句话说，消费者是因为什么关键词才购买你的产品的，你必须做到心中有数！

消费者购买卓银万家的产品,是因为他们全力打造"三高农业""让天下没有难种的庄稼",而且"说得出做得到"。

3

三剑做营销:深刻洞悉营销的法门。

营销是一个大命题,是一个专业的领域。如果你认为营销无非是找几个人卖卖货的勾当。那么,你就大错特错了。营销讲求"4M"和"11P"。

"4M"指的是生意、市场、媒体、信息。每一大项都需要思考优化和创新。

"11P"指的是产品、价格、渠道、促销、政府权力、公共关系、调研、区隔、优先、定位、员工等,合计 11 个维度,每个维度都需要聚焦和全力以赴。

温国辉说:营销就是"营+销"。"营"是经营,要经历一个过程,营造一种价值。何为价值?价值、价值,就是客户出钱购买你的产品值不值,值了才有价值。"销"是销售,要把产品卖出去,把钱收回来。营销说到底是一个不断发现需求并且满足需求的过程。这个过程本身需要创新。

要想做好营销,必须聚焦,需要在"4M"营销理论的基础上,专注"11P"。

4

四剑塑模式：以模式驱动销售。

销售只不过是一个交易的现象，而最牛的销售，要靠科学的模式加以支撑。

模式解决的是交易或销售的方式、方法的问题。企业要想赢得大未来，需要把销售模式标准化、有形化、统一化、复制化、强制化。而这本身就是一个模式。

纵观"农资江湖"，"姜太公钓鱼，愿者上钩"是一种模式，"王婆卖瓜，自卖自亏"是一种模式，"雷锋式销售重服务"是一种模式，"诸葛式个性化解决方案"也是一种模式。要想拥有"江湖地位"，模式就要不断地升级。

无论你现有的模式怎样奏效，你都需要优化创新，升级迭代，做到与时俱进，引领潮流，永续经营。

5

五剑建团队：打造敢于亮剑的虎狼之师。

中国人造字非常有意思。你看看"团队"这两个字。团队的"团"字，一个"口"一个"才"；而"队"字，恰恰是"长着耳朵的人"。什么意思？要建设好团队，领导要有口才，下属要能听明白领导的意思，从而全面做好执行工作。

团队中的成员在团队中扮演着不同的角色。每个角色对自己的岗位都必须有清晰的认识。正所谓"好色才能出色"。

温国辉说：要想经营好企业，高层要有使命感、中层要有危机感、低层要有饥饿感。有了这"三个有"，团队就牛了！

6

六剑爆品出：打造令人叹为观止的爆品。

这些年，卓银万家的爆品层出不穷。这跟公司的产品战略，营销策略以及研发能力等息息相关。卓银万家在全面打造"匠人精神"。当每位员工都具备"工匠精神"的时候，这个企业的强大会令竞争对手窒息。

温国辉说：打造爆品需要站在用户的立场来全神贯注地思考问题。解决消费者的痛点、制造不折不扣的兴奋点，让用户不断发出"哇，好牛，买啦买啦，就买这个"的声音就对了。

爆品的打造不是一蹴而就的事情，需要灵光乍现的创意，需要审时度势的洞察，需要心怀大爱的"匠人精神"，需要实实在在的性价比，同时也需要独具匠心的推广和宣传！

五、卓银万家的"优化经"

温国辉说： 把握交流的机会，创造交心的机会，才能赢得交易的机会。

1

经营方略： 顾客永远是对的。

一天，卓银万家清远某服务店来了一位顾客，他带来了一袋某品牌的化肥要求退货。这个店从来都没有代理过这个品牌，但顾客毅然坚持退货。店长不知所措，报请总部，温国辉的回答居然是"给予退货"。

办完退货手续，温国辉要求把这袋化肥放在公司展厅较为显眼的位置。他告诫员工说：我为什么给予退货？第一，顾客永远是对的，我们需要体现服务的价值；第二，让这包产品，时刻鞭策我们，产品不好，会出现什么样的后果。

一次，一位顾客在卓银万家选中了一款化肥。提货时，售货员把同一品牌同一效用但型号仅差一个字母的另一款产品，错发给了顾客。当天结账时才被发现。

店长得知后立马亲自带着售货员上门调货，赔礼谢罪。一般来讲，这已充分体现了公司的重视。然而，卓银万家并没有到此为止，公司还退还了顾客的全部货款。

这就是卓银万家的服务，这就是"顾客永远是对的"的理念在卓银万家销售过程中的具体体现。随后,卓银万家推出了"四为主原则",即:售出商品可换可不换的以换为主;可讲解可不讲解的以讲解为主;可退可不退的以退为主;责任分不清的以我为主!

在卓银万家,服务是没有止境的,企业在不断地优化和创新。无论面对怎样的情况,卓银万家总能站在顾客的立场,以顾客的视角审视问题,创造价值。也正是因为这样,卓银万家生意越做越火,服务店的数量也越开越多。

无论企业发展得如何迅猛,卓银万家真情实意的"店小二"精神始终如一。温国辉说:"在卓银万家,我是最大的服务员!"老板领着做,员工拼命做。上行下效。这正是卓银公司主动服务落到实处的法门,也充分体现了"顾客户永远是对的"的经营宗旨。

2

心系农友:为顾客节约每一元可以节省的钱。

市场上普遍认为,从顾客那里拿到的越多,企业的赢利就会越多。但卓银万家却不秉持这种理念。温国辉说:只有消费者得到实惠,商家能力被认可,企业才能得以生存和实现发展。二十多年来,卓银万家不论是什么高端产品,始终坚持略低的价格投放市场,在性价比上做足功夫,以优质赢得市场声誉。

参与市场竞争需要优质低价,而企业生存发展则需要增加利润利益,这是绝大多数企业为之头痛的问题。卓银万家之所以能够以低价冲杀市场并不断发展壮大,是因为温国辉的经营哲学。他一方面通过薄利实现多销,经过多销实现赢利;另一方面就是降低成本，节约每一元可以节约的钱，然后回馈于客户。

卓银万家对于节约成本甚至已精细到每一分钱，比如，卓银万家的办公用纸，一律双面使用，只是在对外行文时才使用新的纸张。各工作部门领取办公用品，一律用内部代金券结算。制度严格、周到、易于检查、核算……所有这些，有利于节约习惯的培育和养成。

卓银万家经过反复调研论证，精准地找到了搬运和仓储降低成本的关键环节，于是开办了商品配送中心，对各服务店实行统一配送。这样，把减少成本所节约的钱直接反映到农资产品的销售价格上去。而这近乎苛刻的成本节约，往往就能决定一名顾客对商家的取舍。

在业内，卓银万家率先提出"同类商品，价钱最低，发现更低，马上补差"的朴实坚定充满力量的口号。"点滴积累，方可横空出世"。正是一点一滴的积累，成就了卓银万家的竞争优势和伟大。

3

服务制胜：蓝马甲书写服务，大品牌四海传扬。

温国辉说：卓银万家最大的成功不是用金钱衡量的，而是用人才衡量的。我们的企业拥有一支"高素质、讲团结、肯奉献"的精英团队。这是我们企业决胜农资市场最大的本钱。

培育人、磨炼人、成就人：始终是温国辉高度重视的。特别是在卓银万家走上连锁发展的道路后，管理跨度不断拓宽，对管理者及员工素质的要求也越来越高。温国辉深深地意识到："服务不是人做的，服务是人才做的！"

在卓银万家，从董事长到营业员，上班时间都一律穿着印有"卓银万家"的蓝马甲。卓银万家内有创业者、有权威专家、有普通员工，但只要穿上蓝马甲，任何人都不会谢绝做"服务生"的工作，任何人都会保持"服务生"的心态，每一个人都是顾客和厂家的"店小二"。

"蓝马甲"汇聚了卓银万家的服务精神，是卓银万家的品牌形象。他们遍布大江南北，五湖四海，成了农友们的救星和希望，得到了农友们的爱戴和尊重。卓银万家的品牌声誉因此四海传扬。

4

独特风味：商店摇身变讲堂、博览会开在我库房。

通过普及农资知识、农化技术培育市场，指导农友消费，是卓银万家独到的代理风味。在农资市场上"空喊服务"的企业不在少数。所不同的是，卓银万家玩的是真的，干的是实的。

卓银万家在行销商品的同时也"贩卖"知识。这种动作是从当年在清远开第一家店开始的，至今已近二十余年，从未动摇。所不同的是产品在不断地迭代创新，知识在不断地更新换代，服务方式在不断地优化升级。正是因为如此，一批又一批农资人"争先恐后"地成为卓银万家的"忠实粉丝"。

在商店讲课，在库房讲课，在村头巷尾讲课，在田间地头讲课……卓银万家的课见缝插针，无孔不入。卓银公司在举办各种农资知识普及讲座的同时，还定期举办视听会、竞赛会等活动，增加客户的参与感。

通过大力普及顾客商品识别、产品使用、农田保护、庄稼养生等方面的知识,卓银万家得到了越来越多的农友的欢迎。

5

晨跑大餐:卓银团队好威武,一箭多雕魅力足。

卓银万家每月的集训,都有一顿身体锻炼的"大餐":晨跑。做领导的必须带队亲自参与,而且不允许员工请假或者迟到。领导参加可以带动员工的积极性,并让员工清楚地知道公司的领导会与他们共同战斗。这个过程促进了情感交融,达成了团队和谐。员工对领导的督促更加配合,对领导的监督更加理解,从而整个公司更加具备凝聚力和战斗力。

员工们晨跑时穿戴统一的服装,当他们奔跑在田间地头、村庄马路时,会喊出整齐响亮的口号,这会给果农们一个朝气蓬勃的良好印象,会在无形之中增强公司的品牌影响力,让果农们感受到卓银万家对待农业的虔诚态度。

6

上行下效:农友会让公司更具竞争力。

每次举办农友培训会,温国辉都会事先通知组织者,必须让领导带头讲话讲课。这样可以体现公司对农友的重视,制造高端会议的氛围。同时,这也可以调动农友们发言的积极性,活跃会场气氛,让农友们更好地参与进来。在这个过程中,与会人员会发现更加真实的需求,有利于找准农友们的实际问题,更好地对症下药。

基于这些目的，每年项目启动，温国辉必定先主讲3场。这并非是为了标榜自身，而是为了给整个公司树立一个模板。温国辉在这个过程中扮演着行导的角色：行动感召，导入正道。老板领着做，成员努力做，卓银万家的农友会业已成为行业内闪亮的风景。

7

感恩举措：让主管懂得回报基层。

每当公司举办内部庆典活动时，温国辉都要求必须由主管来端茶倒水，盛饭送菜，为下属做好服务工作。春节值班，基层员工都放假，必须是高层领导轮流值班。温国辉说：在卓银万家，做领导的不是当官的，没有优秀的员工，就不会成就卓越的团队。

他之所以这么做，是为了让主管们懂得回报员工。"人因为有心，所以感恩，因为感恩，所以伟大"。要成为一个卓越的领导，就必须常怀感恩之心。爱让世界充满温暖，基层员工在这个过程中，能够感受到企业的关怀，从此，他们肩扛重担，对工作不敢懈怠，为企业也为自己呈现出了非常丰盛的劳动成果。

温国辉说：员工们不能成为上层领导的拐杖，什么事都为领导代劳，这样是不可取的。上层领导们更不能做"甩手掌柜"，尤其分内之事，一定要亲力亲为，不要什么事口头交代一下，就感觉完事了。要知道，交代完任务后，领导的工作才真正开始。

六、思考力优化

温国辉说：人的思想是了不起的，只要你痴迷地专注你的事业，一定会做出使自己吃惊的成绩来。

1

办事周详周到，务必掌握的思考办法：

温国辉说：纵观天下，思考不周详的主要缘由，无非如下几个：

第一，看不到问题的关键点，没想好就开始行动。这种情况，常常出现在日常工作中的小事上，因为看不到这些小事在全局中的地位和作用，最终可能导致很多事情受到牵连。

第二，忽略了问题的复杂性，事情在进展过程中，遭受自身、外界各类因素的影响和干扰。在思考之初，假如忽略了未来不可知的变量，便会引发突发情况，以致事情进展不下去。

第三，问题被剖析得不够全面。想到这个要素，漏了那个要素，缺乏要素的同时，还缺少对要素的整体思考。

第四，客观上受时间、信息、资源等因素影响，也会导致思考不全。譬如，时间紧迫，来不及思考，信息匮乏，估算不准确等。

其中，看不到问题的关键点和忽视其复杂性，可以通过转变态度和提升技能来解决。事实上，职业选手往往因为一次事情没办好，便会从吃亏中吸取经验教训，从而达成勘正坐标的目的。在下次遇到同类事情时，便会对比坐标，采取更加积极的态度，投入更多的精力，从而做到"不二过"。客观上的时间、信息和资源匮乏，只能适应，在现存条件下尽可能地做足分析，接近完美，以资源换资源，将资源价值发挥到极致。

至于事情解析不全，缺少要素和缺乏联动思考能力的问题，则是不好解决但却可以解决的，这需要常常训练，使其与思维模式密切相关，从而做到优化和创新。

2

解决思考不周详的三种思维方法：

（1）依据机构组成要素进行思考

在思考时把握全局，将工作单位的所有部门列成清单，思考这件事情与这些部门有无关系，一个一个地画，没关系直接画掉，有关系则标记需要协调和落实的事项。

譬如，公司要开一个产品商议会。首先我们将企业所有部门和管理者都罗列出来，一项一项地思考。总经理要加入吗？假如要就备注他参会的事项；行销部门与产品商议有什么关系吗？譬如要提供行销数据，则在该部门后标注事项为提供数据。企业单位往往是一个相对完整的公司，所有事项都需要各个部门和管理者来落实，只要捕获了部门和管理者与事情的关系，就能相对思考得比较周详，不会遗忘事项。

温国辉强调说：做企业做工作，永远不要嫌麻烦。粗枝大叶的事情通常不会有太好的结局。解决思考不周详的问题，需要先用心再用力！

（2）依据个人需要门类来思考

按照吃、喝、拉、撒、睡、住、行、看、听、思、动等需要，来分类思考事情。还以产品商议会为例，要想圆满地达成会议的目标，我们就要思考与会人员怎么到达会场？住在哪里？餐饮怎么解决？会场要摆放多少瓶水？开会的材料怎么准备？采取怎样的会议形式等，只有把需要做的一一罗列出来，逐条考虑才能做得周详和到位。

温国辉说："天龙八步"的运营策略本身，就是与读者分享周详的方法。制定完了目标以后，就要建立相应的标准……通过优化创新，最终公司应该有一套完整的工作模板，减少探索成本，提高工作效率，做到尽善尽美。

（3）依据事情线性要素来思考

按照时间、地点、人物、事件、结果等要素来思考。就像拍电影一样，首先思考第一个场景，时间、地点、人物、事件，最终的结果如何。而后按照时序思考第二个场景，逐一进行场景思考，做好事项记录。

譬如召开产品商议会，第一个场景就是通知成员。要通知哪些人？什么时间通知？如何通知？以文件形式还是以口头形式进行通知？最终的结果是每个人都要通知到位，没有纰漏，并确保准时。

温国辉说：思考很痛苦，但思考很有用！"金无足赤，人无完人"。思考让人类有了走进完美境界的可能，让事件的准备工作有了完备的可能，让创意有了完妥的可以，让员工的工作有了完善的可能……而没有思考或者缺少思考，不是完蛋就是玩完！

3

只有具备前瞻性的思想和眼光,才能创造出可持续性发展的企业。

"生命素"是早年发展特别迅猛的一个品牌,把营销做到了极致,把保健品的营销手段,充分搬到了农业市场中来,可谓是红极一时。但发展几年后,销声匿迹了,使得渠道经营者受到了不同程度的打击。后续也不乏效仿者,但结局大多昙花一现、草草收场。

温国辉说:保健品跟肥料有着本质的区别,人天性自私,保健品是用来保命的。只要对人体没有直接损害,都不会先进行过多的理性思考,然后再选择消费。因此,有人不惜成本买保健品以及保命药。但农业生产是一项综合工程,需要懂农耕技术,需要全面营养,需要植保技术,需要管理经验和天时地利,需要考虑投入产出比等。因此,做肥料品牌没有捷径,稳健才是最快的。

如果一个公司在销售肥料的过程中,一味夸大其词地推销,而不注重肥料本身的功效,不注重对农友们的服务价值的输出,那么这个企业注定是不长久的。至多只会圈一部分钱,就干不下去了。追根究底,这就是一种本末倒置的做法,对于促进农资行业的发展没有丝毫作用。

眼界决定世界,眼光决定未来!横空出世,源于点滴积累;点滴积累,方可横空出世!

七、想发展就得优化创新

温国辉说： 最有把握的希望，往往结果归于失望；缺少希望的事情，反而会出人意料的成功。

1

公司必须持续不断地、永恒地促进组织血液流动，增强优秀干部、专家的循环赋能。

温国辉在听了任正非关于《战略预备队建设汇报》的发言后，感同身受。正所谓："英雄所见略同。"任正非的话时常回响在他的耳际："公司想不死，就要新生，要增强组织的血液循环，给优秀干部专家赋予新能量，然后走上战场、承前启后，英勇奋斗。"

温国辉认为：企业的血液应该是快乐的，跳动的。为此，企业要造一台永不停歇的"造血机"，驱动企业的大业绩，驱动企业的万里征程。

2

"战略预备队"为组织提供新鲜血液，促进血液健康循环，遏制公司进入衰退期。

一台宝马可以开多少年？如果每个配件都可以调换的话，可以是一万年。

企业的队伍一定要有新生力量作为补充。要有创业的豪情，冲杀的激情，工作的热情！企业要想大展宏图、基业长青，必须杜绝干部结构"老人化"，干部流动"板结化"。切记：一旦"板结"要融化，混吃等死要"火化"！

企业需要借助新观点、新思路，实现新作为。企业要加强培训和学习，让"老人不老，新人不新"，从而促成极速成功，心想事成！

3

"战略预备队"的训练基地，不应具备职位分配的特权，应该是公司人力资源系统聚能的重要场所。换句话说："战略预备队"的训练基地，是训战赋能机构，不是干部任用的权力机构。要在训练中发现人才，举荐人才。说白了，不能确保"升官发财"，但要提供"升官发财"的机会。

温国辉说：没有人才的企业就像失去灵魂的皮囊。人才是企业发展的第一资源，千万不要让所谓的人才毁掉了你的企业。"我劝天公重抖擞，不拘一格降人才！"

4

"战略预备队"的机制要覆盖到公司全体系，要搭起擂台，天天考试，员工有压力有动力，才能迸发出"开天辟地"的能量。

企业越来越需要更具综合能力的人挑起重担，但是综合能力的获得需要时间。纵观天下，目的性引导人类的"革命"。企业需要强化员工"为什么学?"让员工知道"为什么学"比让员工知道"怎么学"更为更要。

人在快乐和竞技的状态下产生高绩效。企业必须基于"战略预备队"做实工作。企业需要搭起擂台,促使员工打好擂台。老板不应是观看打擂的观众,而应是整个事件的策划者。

5

着力当下,放眼未来。

有人说:"未来我们需要什么能力?不知道!需要什么样的干部?不知道!但是往前跑,企业就会一天比一天好!"你能确保公司一直往前跑吗?永远不要被假象所迷惑。今天赢利的企业,明天可能就会为今天的盈利买单。

企业要有人才。企业需要引进中高级干部、"专家上前线,士兵得锻炼"。在上前线前需要先到战略预备队训练基地学习,把他们培养成真正的"杀手"。试想:没有"杀手"哪来的"撒手锏"?前线的杀手也需要回到"战略预备队"训练基地再次调教,回炉再学习,没有炉火哪里来的"炉火纯青?"然后再派到前线作战去。

八、优化溯源：不断更新

国外一家森林公园曾养殖几百只梅花鹿，尽管环境幽静，水草丰美，又没有天敌，但几年以后，鹿群非但没有发展，反而病的病，死的死，竟然出现了令人匪夷所思的负增长。

后来公园管理者买回几只狼放置在公园里，在狼的追赶捕食下，鹿群只得紧张地奔跑逃命。这样一来，老弱病残者被狼捕食，其他的梅花鹿的体质日益增强，数量也得到了迅速的增长。

这不是什么咄咄怪事。这是"物竞天择"，这是"适者生存"。"流水不腐，户枢不蠹"。你的员工就如同这梅花鹿一般。懒散是因为你创造了懒散的环境。让员工懒散不是你的大爱，而是你在造孽。

人天生心存惰性，没有竞争就会故步自封，就会放任自流，就会游戏人生。千万不要让你的员工躺在"功劳簿"上睡大觉，你需要引进竞争。你需要让"梅花鹿"知道"狼"的位置和同伴的位置。跑在前面的"梅花鹿"可以得到更好的食物，跑在最后的"梅花鹿"就让他成为"狼"的食物。给予"头鹿"奖励，让"末鹿"被市场规则淘汰。这是让他们"涅槃重生"，企业不断精进，企业需要优化创新。

多年来，温国辉一直致力于人生和人性的研究，他基于生命规律、市场规律、企业规律，在心智上、心灵上、社交上、情感上等诸多方面不断地优化创新，从而实现了自我更新，加速精进，快乐人生。

温国辉把"优化创新"作为"天龙八步"的最后一个步骤，

他强调说："这不是终点,这是事业的新起点,美好的明天从这里开始!"为了梦,为了让天下没有难种的庄稼,为了助力农资行业的大发展,他再启程再出发,再次进入了从"设立目标"到"优化创新"的"天龙八步"策略运营中去。他的企业因此螺旋上升,他的人生因此迎来了更多的鲜花和掌声,他收获了心想事成,极速成功!

第八章 优化创新

优化创新
天龙物语

任何企业都需要不断地对组织系统进行专业有效的优化。因为优化是目标的终极思考和深度衍生,是"蚕蛹化茧",是"老蛇蜕皮",是"脱胎换骨"。

正如"天龙八步"的创作一样,它恰恰是在不断地优化创新中,成为农资连锁行业的"运营宝典"的。

放眼天下,成功的路没有终点,选对老师智慧一生。用"天龙八步"的思想武装你的企业吧!相信:你的企业在正确的思想引领下,必将不断壮大,走向更大的辉煌与成功!

OPTIMIZATION

附录 "天龙八步"应用分享：

后 记

温国辉秘藏了哪 10 件成功的法宝？

"泰山不是一日堆成的""横空出世源于点滴积累"……在写作运营管理中的"天龙八步"时，作者欣喜地体察到了卓银万家的优秀特质，他们存续于卓银万家的血液之中，成了独具魅力的优秀基因。由小到大，由弱到强，与初心，与情怀，与责任，与担当，与大爱一起跳动，一起创造，一起沸腾卓银万家的热情，一起助力卓银万家的辉煌！

绝技 1：一岗多技，一职多备。在企业里，每位员工都要充分发挥自身无可替代的作用，任劳任怨，出色完成公司安排的各项任务。同时，尽可能地做到"一岗多技""一职多备"。强化员工的"立位资本"，从而使员工发挥自身的最大价值优势。

绝技 2：日事日毕，保质保量。按时按质按量完成工作任务。卓银万家的温国辉教导员工做事当日事当日毕，按时按质按量完成工作任务，保证最佳的工作状态，最优的工作效率。上行下效，他本身就以身作则，从不怠慢。

绝技 3：切忌骄满，故步自封。环境在变化，时代在发展，触变、应变和用变才能立于不败之地。"满杯心态"必须被淘汰，只有

"空杯心态"才能心存万物,装得下天下,以德配位,脚踏实地,永续成功。

绝技4:杜绝"政治",有效沟通。信息不对称和沟通不畅会为组织增添很多羁绊,甚至会衍生出办公室"政治"。所以必须明确沟通的意义,理解沟通的价值,清晰沟通的手段,实现沟通的目的。卓银万家良好的企业氛围以及精致的工作流程为沟通提供了有效的组织保障。

绝技5:客户至上,作物为先。企业要从骨子里考虑企业能够给客户带去的直接利益、切身利益、长远利益和人类利益分别是什么。卓银万家作为优秀的农资产品供应平台,首当其冲的是为农作物服务。温国辉说:把农作物服务做到极致,就是对客户最大的负责。

绝技6:积极主动,创造氛围。企业高效,氛围重要。营销主动,管理主动,生产主动……每个人都主动,这样的企业就能在行业内呼风唤雨,引领趋势。成功的企业源于正能量的裂变,失败的企业成为正能量的坟场。企业要坚决杜绝"一颗老鼠屎坏一锅粥""一条鱼腥一锅汤"的现象。提倡正念、正言、正行和正果非常重要和必要。

绝技7:双向沟通,及时反馈。员工及时反馈工作状态,汇报工作情况,确保不欺瞒、不忽悠。领导及时解决问题,不拖拉,没内耗。重要的工作,无论成功还是失败,无论顺利还是棘手,都必须做到及时反馈。踏踏实实、兢兢业业地工作，才是最出色的工作。职业化员工，才是伟大的企业渴望的超级人才。

绝技 8：有的放矢，要事第一。企业要教导员工做工作学会把握重点、把握主要矛盾的好习惯，将"要事第一"作为至高无上的工作原则。有目标有计划地工作，做好时间管理，遵照"天龙八步"的逻辑，达到事半功倍的效果。

绝技 9：一事不忠，终身不用。企业用人应该"任人唯贤"，而不是"任人唯亲"。若有恶意的背叛或者具有其他歪心思的员工，应当坚决摘除"烂果"。"人非圣贤，孰能无过"，能不能给改正错误的机会，要看是什么样的过失，任何类型的组织都没有给"死刑犯"改过的必要，企业的道场绝不容许"小人"的肆无忌惮。

绝技 10：逢上要拜，见低莫踩。卓越的人才绝不是趋炎附势的"墙头草""为人要圆，做事要方"。对于比你优秀的人要态度谦虚，注重学习，对于弱小的人物或势力，也不要肆意贬低和践踏。因为，谁知道他们不会是下一个温国辉和卓银万家呢！